BEST ESCAPES

Reisetrends und Inspirationen für moderne Abenteurer

BEST ESCAPES

Reisetrends und Inspirationen für moderne Abenteurer

Jeralyn Gerba und Pavia Rosati
Gründerinnen von

www.fathomaway.com

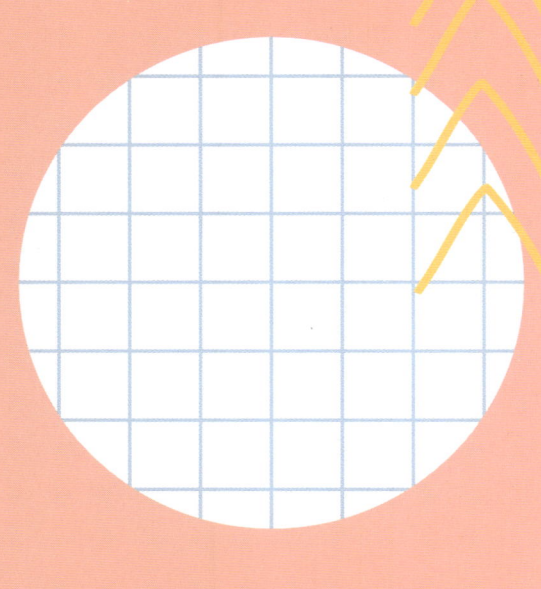

TEIL I

Vorwort

Die Welt erwartet dich

Wir leben im Goldenen Zeitalter des Reisens.

Es ist demokratischer, aufgeschlossener und bequemer als das Reisen des letzten Jahrhunderts. Dazu tragen besonders unsere Vernetzung, neue Produkte und Technologien bei – wie Google Maps, Airbnb und Instagram. Sie haben für immer verändert, wie wir die Welt erforschen. Die Evolution der Tools, die uns beim Reisen helfen, prägt unsere Routen, aber auch das Wie, Wann und Wohin unserer Trips.

Das gilt für Traveller wie für Touristen. Beide bereisen vielleicht dieselben Orte, erleben sie aber völlig anders. Das hat weniger damit zu tun, wo sie sind, sondern wie sie sich auf ihre Umgebung einlassen (manche Menschen sind sogar in ihrer eigenen Stadt Touristen).

Der Standardtourist reist aus Vergnügen, zufrieden damit, auf dem Hotelareal zu bleiben und das zu essen, was er kennt. Heute ist das mehr als einfach: Flugzeuge und Schiffe bringen uns an immer mehr Orte, und selbst der unbekümmertste Tourist reist relativ mühelos in die Antarktis, die Serengeti oder von einer Stadt in die nächste. Internet und spontane Entscheidungen machen es möglich, ohne Vorbereitung und Wissen über den kulturellen Kontext oder die jeweiligen Benimmregeln neue Welten zu bereisen. Ein paar schnelle Buchungen (Flug, Uber-Fahrt) und ein Selfie vor der beliebtesten Sehenswürdigkeit, schon hat der Standardtourist seine Arbeit getan.

Wie Touristen sehen auch Traveller die Welt als Platz endloser Vergnügungen. Mit dem Unterschied, dass Traveller diese auf eigene Faust so authentisch und aktiv wie möglich entdecken möchten. Sie sind entschlossen, als Einheimische in der Fremde einen Einblick in das Leben vor Ort zu gewinnen.

Für Traveller steht der Akt des Reisens für Wandel, Selbsterfahrung und die Möglichkeit, sich in der Welt zu messen. Sie wissen von Natur aus oder aus erster Hand, dass epische Reisen die größten Herausforderungen des Lebens, Liebeskummer und Stillstand kurieren können, dass belebende Abgeschiedenheit oder unerwartete Begegnungen Heilmittel gegen Einsamkeit sind und dass große Romanzen mit Ortswechseln beginnen können. Mit der richtigen Einstellung kann ein verlängertes Wochenende nahe der Heimat ihre Perspektive, Stimmung und ihren Daseinszustand ändern. Welch einen Unterschied schon ein einziger Tag machen kann.

Linke Seite: Palmen symbolisieren auf der ganzen Welt sonnige Tage; diese hier stehen in Kerala, Indien

3

GLEICH UND GLEICH ...

Wir haben tolle Neuigkeiten: Es gab nie eine bessere Zeit als heute, um als Traveller die Welt zu bereisen. Traveller wollen:

- in einem Supperclub in Kopenhagen Freundschaften schließen,
- im Pazifik vor Nicaragua surfen lernen,
- Kindern in einem kleinen Dorf einen Monat lang Mathe und Deutsch beibringen,
- die Bäder in abgelegenen Ryokans (traditionell eingerichtete japanische Hotels) genießen,
- unter den Sternen Montanas im Zelt schlafen.

Aber wie, wann und wo? Das sind die Fragen, die uns bei Fathom beschäftigen (unsere Reisewebsite und -agentur findet man unter fathomaway.com). Seit fast zehn Jahren tragen wir hier einen unschätzbaren Fundus zeitloser, erprobter Empfehlungen und Storys zusammen. Unser Netzwerk besteht aus interessanten Menschen (Küchenchefs, Schriftstellern, Designern, Gastwirten, Musikern), die an bekannten Orten wie auch jenseits der Touristenpfade authentisch reisen.

Als Journalisten und Redakteure hat es uns schon immer begeistert, Neues zu entdecken und das Aufregendste davon mit gleich gesinnten Lesern zu teilen. Als Traveller genießen wir die Möglichkeit, uns in verschiedenen Rollen auszuprobieren – als Abenteurer, Strandgenießer, Schlemmer, Altertumsfans, Bastler, Getriebene, Zuschauer, Ästheten, Athleten, Botschafter und Enthusiasten.

Mit spannenden Anekdoten, Tipps und unglaublichen Bildern wollen wir dir einen achtsamen Ansatz zeigen, um ein besserer Traveller und Weltbürger zu werden. Dieses Buch deckt alles ab: wie du offline reist, wo du das beste Essen bekommst, aber auch, wie man sich revanchieren und unterwegs Gutes tun kann. Unsere Vorschläge sind thematisch geordnet, folgen aber keinem Ranking – solche einzigartigen Erfahrungen kann man nicht bewerten.

Unser Ziel ist es, dir auf deiner Reise als Traveller von Anfang bis Ende Navigationshilfe zu leisten, wobei Inspiration, Erfahrung und Veränderung im Mittelpunkt stehen.

Egal, ob du lebst, um zu reisen, reist, um zu leben, oder eine Kombination daraus: Dieses Buch soll dir die Welt etwas vertrauter und erschließbarer machen, ohne dass sie etwas von ihrem Zauber verliert.

UNSERE EIGENE REISE

Man sagt, alle großen Abenteuer beginnen mit einer vagen Idee. Unsere gemeinsame Reise fing vor mehr als zehn Jahren an, als wir – Freunde und Redakteure einer Medienagentur – uns daransetzten, unsere ultimative Reisewebsite zu planen. Sie sollte vor allem klassischen Journalismus mit moderner Technologie und zeitloser Neugierde verbinden. Die Website sollte uns aber nicht mit Möglichkeiten erschlagen, sondern eine Plattform für neu entdeckte Orte, Menschen und Dinge werden. Wir wollten uns also die Mühe sparen, 100 Websites zu durchforsten, um die nötigen zehn Infos zu finden. Und wir dachten, andere Traveller würden das sicher auch schätzen.

Der Samen war gesät und Fathom geboren. Dieser Name spiegelt unser Engagement wider, so praxisnah (»fathom«, englisch für »Faden«, ein Tiefenmaß) wie kreativ zu sein (»to fathom« heißt »ergründen«).

Auf unserem Weg schloss sich uns eine Community gleich gesinnter Traveller an, die Fathom zu dem machten, was es heute ist: Stimmen und Storys, die die Essenz dessen spiegeln, was Reisen bedeutet und warum es so wichtig ist, Neues zu erkunden und seine Horizonte zu erweitern – körperlich, intellektuell, seelisch und spirituell.

ÜBRIGENS: Das englische »to fathom« bedeutete früher »messen, indem man es mit den Armen umfasst« und war ein Synonym für »to embrace«, »umarmen«. Heute meint es oft »verstehen« oder »ergründen«.

Linke Seite, oben: die L. A. Jackson Rooftop Bar in Nashville, USA; linke Seite, Mitte: im Himalaja-wind »fliegen«; linke Seite, unten: das Restaurant Piss Alley in Tokio; diese Seite, oben: von klein auf ein Traveller, im Grand Canyon

TEIL II

Dreh den Globus

Die Orte, über die bald jeder spricht

Gleich zu Beginn: Wir haben keine Lieblingsplätze. Wir wollen überallhin. Allerdings hilft es uns, die topaktuellen Reiseziele zu listen, um besser entscheiden zu können, wohin wir im Moment wollen. Orte können wie Trends oder Menschen angesagt sein, aus offensichtlichen Gründen – Kulturereignisse, Nationalfeiertage, internationale Sportevents – oder aus nicht greifbaren. (Schon bemerkt, dass sich Trendsetter wie durch Magnetkraft scheinbar alle in derselben Saison auf einer bestimmten Insel zusammenrotten?)

Warum werden wir bald sehr viel mehr über Matera hören, eine stimmungsvolle Höhlenstadt in Süditalien, und über Plowdiw, eine alte Balkanstadt auf sechs Hügeln in Südbulgarien? Beide sind Europäische Kulturhauptstädte. Diese Auszeichnung hebt ihre kulturellen Entwicklungen hervor und fördert Initiativen sowie Events, die für ein internationales Publikum interessant sein werden. Die französische Stadt Lille ist Welthauptstadt des Designs 2020. Hier werden zukünftig städteplanerische Meisterleistungen präsentiert und designorientierte Gemeinschaftsprojekte entwickelt.

Andernorts und ohne derart noble Auszeichnungen bieten Reiseziele aber auch fesselnde Attraktionen, die unweigerlich mehr Besucher anziehen werden, wie der vor Kurzem fertiggestellte Jordan Trail, ein rund 650 Kilometer langer Wanderweg durch ganz Jordanien, vom Norden des Landes bis zum Roten Meer. Die Tour dauert etwa 40 Tage (eine passende Zahl für dieses biblische Land). Der Weg passiert die alte Königsstraße und führt durch ikonische Orte wie die Ruinenstadt Petra sowie durch Sandsteinberge, Wüstentäler und grüne Biosphären.

Wenn wir heute unsere Reisepläne festlegen, fühlen wir uns besonders zu Zielen hingezogen, die Zufluchtsorte sind und zu gegenseitigem Entgegenkommen inspirieren. Wenn du reist, um aufzutanken und voller Energie und Engagement zurückzukommen, bieten dir diese Plätze all das – und mehr.

Linke Seite: bunt geschmückte Kamele vor den Pyramiden von Gizeh, Ägypten; diese Seite, oben: Städtetag in Ljubljana, Slowenien; diese Seite, unten: die Azoren, Portugal; nächste Seite: Bootsfahrt um die Eisberge des Jökulsárlón-Gletschersees, Island

DIE ARKTIS

Laut einem Bericht der US-Klimabehörde NOAA sind »Lang-zeitverluste in Ausdehnung und Durchmesser der Meeres-eisschicht« in der ständig wärmer werdenden Arktis die neue Normalität. Dies fordert einen unvermeidbaren Tribut von Umwelt und Tierwelt. Wir sollten also beides weltweit anschauen, solange wir noch können – und zwar verantwor-tungsvoll, mit Reiseagenturen, die auf ihren ökologischen Fußabdruck achten. Traveller werden durch Sehenswür-digkeiten wie Nordlichter, Mitternachtssonne, Eisberge, Gletscher und Wildtiere (Polarbären, Wale, Seelöwen) reich belohnt. Den Nordpol (dessen Lage sich ständig ändert) teilen sich Alaska, Grönland, Norwegen, Russland und Kanada. Nunavut, das nördlichste Territorium Kanadas, verfügt über die nächstgelegene Landmasse. Eine Unterkunft dort ist die Arctic Haven Wilderness Lodge, ein Zwölf-Zimmer-Haus am Ennadai-See. Es wird fast vollständig mit erneuerbaren Energien betrieben und von einer Familie geführt, die auf die Arktispioniere zurückgeht (weberarctic.com). Arctic Kingdom bietet ganzjährig ausgezeichnete kleine Gruppensafaris an. Zu den Aktivitäten gehören Heißluftballonfahrten und Sporttau-chen, übernachtet wird in Lodges und Zelten (arctickingdom. com). Wer die Arktis lieber per Schiff bereisen möchte, kann mit Ponant auf Luxus-Expeditionskreuzfahrten Norwegen, Grönland, Schweden und Kanada erforschen (ponant.com). Der Arctic Explorer von Golden Eagle Luxury Trains führt Zug-reisende über Neujahr auf eine Nordlichttour von Moskau nach St. Petersburg (goldeneagleluxurytrains.com).

DIE AZOREN, PORTUGAL

Portugal überflutet bereits unsere Instagram-Feeds, und die Azoren, ein autonomer Archipel mitten im Atlantik, werden das als Nächstes tun. Die Kette aus neun durch Fähren verbundenen Inseln ist ein Traum abseits der ausgetretenen Pfade mit Land- und Meerabenteuern für jedes Aktivitätslevel – von Walbeobachtung bis Paragliding und von Sporttauchen bis Bergwandern. Es ist kaum verwunderlich, dass vier der Inseln (Corvo, La Graciosa, Flores und seit neuestem São Jorge) zu Unesco-Biosphärenparks ernannt wurden. Die Azoren sind das ganze Jahr über attraktiv, doch im Kalender markieren sollte man sich besonders das Musikfestival Tremor im April, das bis ins 16. Jahrhundert zurückgehende Kulturfestival Sanjoaninas im Juni und die Feuerwerke in der Silvesternacht. Von den USA aus ist die Reise kurz (vier Stunden Flugzeit von Boston, fünf von New York) und zunehmend unkompliziert. Es gibt Direktflüge von der Ost- und Westküste und mehrere Zugänge über Europa.

BAJA CALIFORNIA, MEXIKO

Die nordwestmexikanische Halbinsel galt lang als Schauplatz schlechter Cabo-Spring-Break-Klischees. Unerwartet wurde sie cool, was vor allem einer Handvoll durchgestylter Boutique-Hotels zu verdanken ist und bezaubernden, regional belieferten Restaurants. Gleichzeitig entwickelte sich das nördliche Valle de Guadalupe zur neuen Top-Weinregion in Amerika mit hervorragenden Weingütern und Restaurants. An der südlichsten Spitze der Halbinsel liegt das verschlafene Todos Santos, ein Eldorado für Traveller, Surfer, Künstler und Bohemiens. Sie gelangen auf der neuen Maut-Autobahn vom Flughafen dorthin, die Cabos Verkehr und Ampeln umgeht und sich kurvenreich am Fuße der kargen Sierra-de-la-Laguna-Berge sowie durch eine Wüste mit riesigen Saguaro-Kakteen schlängelt.

KAIRO, ÄGYPTEN

Nach dem Arabischen Frühling (und dem Absetzen von zwei Präsidenten) stabilisierte sich die politische Situation. So ist Kairo nun eine der weltweit am schnellsten wachsenden Städte. Dadurch dass die Welt und die Medien nur mit Mühe Schritt halten, kann man noch ganz in Ruhe die Pyramiden besichtigen. Nur nicht mehr lang. Das milliardenteure neue Grand Egyptian Museum soll als größtes archäologisches Museum der Welt die wertvollsten antiken Artefakte des Landes sammeln. Viele davon sind Raubkunst, waren in Museen auf der ganzen Welt verstreut und wurden nun wieder zurückgegeben (www.gem.gov.eg). Angesichts der Touristen, die zahlenmäßig mit denen von Paris konkurrieren sollen, werden Nil-Flussboote und Hotels renoviert oder neu gebaut. Befeuert durch knipsende Foodies, bieten die heimischen Lokale moderne Versionen der traditionell ägyptischen Küche und werden so noch attraktiver für die vielen Traveller, die regional essen wollen.

Linke Seite: mexikanische Wimpel schmücken San José del Cabo, Baja California Sur; diese Seite, oben links: der Pool des Las Ventanas Resort, Los Cabos, Baja California Sur; diese Seite, oben rechts: die unberührten Azoren; diese Seite, unten: unterwegs zur Nekropole von Gizeh, Ägypten

**ÜBRIGENS: Es gibt heute 195 Länder weltweit. Seit 1990 haben es
34 Länder auf die Referenzliste geschafft.**

KAPSTADT, SÜDAFRIKA

Die am zweitdichtesten besiedelte Stadt Süd-
afrikas ist meist nur ein Halt auf einer vollen Rei-
seroute mit den berühmtesten Wildparks, Wein-
anbaugebieten und der Garden Route, doch das
sollte man überdenken. Kapstadt ist eine eigene
Reise wert und steht als blühende Stadt Buenos
Aires und Seoul in nichts nach. Das Gelände der
Victoria & Albert Waterfront boomt und ist die
Heimat des neuen Zeitz Museum of Contemporary
Art Africa (MOCAA), dem einzigen derartigen
Museum weltweit. Thomas Heatherwick, Architekt von schlagzeilenträchtigen Konstruktionen,
verwandelte dafür ein altes Getreidesilo (eines
der höchsten Gebäude in Subsahara-Afrika) in
eine beeindruckende Sammlung aus 80 Galerien
mit afrikanischer Kunst (zeitzmocaa.museum).
Shopping, Essen, Design, Wetter und Wein sind
ausgezeichnet – ganz zu schweigen von den
günstigen Wechselkursen: alles starke Argumen-
te für einen baldigen Besuch.

KUBA

Seit seiner Loslösung von 60 Jahren Castro-Dik-
tatur passt sich Kuba an den Zustrom von Travellern an, die das Land ganzheitlich erkunden und
mehr als Daiquiri-feuchte Nächte in Havanna
erleben wollen. Das heißt aber nicht, dass wir
den gut dokumentierten Charme der Hauptstadt nicht in schöner Erinnerung behalten,
von den Dachrestaurants bis zu den knallbun-
ten Vintage-Chevrolet-Taxis. Kubareisen 2.0
sollten Santiago de Cuba, Cienfuegos und das
zauberhafte Trinidad miteinschließen – Plätze,
die viele Reisende nicht besuchen. Wer auch
noch Camagüey, der hübschen Kolonialstadt
im Landesinneren, einen Besuch abstattet und
dem verträumten Baracoa, bewegt sich wirklich
abseits der ausgetretenen Pfade. Unterkünfte in
rustikalen Farmhäusern, Bikepacking-Touren
über Land und Kajakabenteuer im Nationalpark
Ciénaga de Zapata (eines der größten unberührten Feuchtgebiete der Karibik) eröffnen neue
Sichtweisen auf einen legendären Ort.

FÄRÖER-INSELN, DÄNEMARK

Wer wilde, unberührte Natur sucht, braucht
nicht weiter zu reisen als bis zu diesem abgelegenen, selbst verwalteten Archipel aus 18 Vulkan-
inseln zwischen Island und Norwegen. Die fel-
sigen Klippen, roten Postkarten-Holzhäuschen
und die schroffe, schöne Natur erreicht man
auf kurzen Flügen von Ländern wie Dänemark,
England, Island und Norwegen aus. Die Ziele vor
Ort zu erreichen kostet allerdings etwas mehr
Mühe als etwa in Island. Es kann passieren, dass
man stundenlang wandert, bevor man ankommt.
Und selbst wenn das klappt, sind viele Inseln
nur schwer zugänglich. Seit seiner Eröffnung
2011 lockte Koks, das erste Sternerestaurant der
Inseln, neugierige Gourmets aus ganz Europa
an (koks.fo). Der angesagte Übernachtungsort
dafür ist das Havgrím Seaside Hotel, ein 14-Zim-
mer-Boutique-Hotel mit Blick auf die Insel
Nólsoy (hotelhafgrim.fo).

**Rechte Seite: Blick ins Tiefblaue und ins Grüne auf
den Färöer-Inseln; diese Seite: das Dylan Lewis
Sculpture Studio in Stellenbosch, Südafrika**

Oben links:
Rooms Hotel,
Tiflis, Georgien;
oben rechts:
Savica-Wasser-
fall im National-
park Triglav,
Slowenien;
unten: Lipizza-
ner-Reitpferde,
Slowenien

GEORGIEN

Die Republik Georgien und ihre blühende Hauptstadt sind gerade sehr gefragt. Das eurasische Land, eine ehemalige Sowjetrepublik, verzeichnet fast so viele internationale Besucher wie Einwohner, dank neuer Flugrouten aus Europa und dem Interesse von Travellern, die über Moskau, Istanbul und München anreisen. Die grandiose Restaurantszene bietet eine einzigartige Ost-West-Küche und ausgezeichnete regionale Weine. Übrigens: Georgien behauptet, vor 8000 Jahren der Geburtsort des Weins gewesen zu sein, was NASA-Studien bestätigen. Das sind also ganz schön alte Fässer (»Qvevri« heißen die riesigen, im Boden eingegrabenen Tongefäße, in denen der Wein lagert). Das Land macht sich mit einigen Boutique-Hotels zukunftstauglich, an deren Spitze Adjara Group Hospitality steht: Die Rooms Hotels (mit Außenposten in Tiflis und Kazbegi) und das Stamba Hotel sind innovativ und cool (roomshotels. com). Dazu avantgardistische Mode, futuristisches Design, eine beträchtliche Nachtclub- und Tanzmusikszene, freundliche Einwohner und das Tor zur wilden Schönheit des Kaukasus – das Rezept für Reisemagie.

SLOWENIEN

Dieses kleine mitteleuropäische Land versteckt sich vor aller Augen, seit es in den 1990er-Jahren unabhängig von Jugoslawien wurde. Es ist die einzige Nation des europäischen Festlands, das vier bedeutende geografische Formationen besitzt: die Alpen, das Mittelmeer, die Pannonische Tiefebene und das Kalksteinplateau des Karst. In dieser vielfältigen Natur können sich routinierte Skifahrer, Kletterer und Outdoorabenteurer allerorts beschäftigen. Das Kolpa Resort, ein Luxuscampingplatz im Süden ist zur Kirschenzeit eine herrliche Unterkunft (kolpa-resort.si). Die Küchenchefin Ana Roš revolutioniert seit fast 20 Jahren das Essen ihres Landes, was sich gelohnt hat. Ihr Restaurant Hiša Franko im slowenischen Hinterland bekam einen Michelin-Stern (hisafranko.cmo). Die hippe Hauptstadt Ljubljana mit ihrer aufkeimenden Kunst-, Food- und LGBTQ-Szene sowie ihrem Nachtleben macht Slowenien für alle Reisenden, die am Puls der Zeit leben, besonders interessant.

REISETIPPS FÜRS LEBEN NR. 1

Überprüfe deine Erwartungen

& genieße das Abenteuer

Neu aufkommende Reiseziele haben selten die touristenfreundliche Infrastruktur bekannter Plätze. Gut so! Du willst ja auch an einem Ort sein, an dem man es nicht gewohnt ist, den Bedürfnissen anspruchsvoller Fremder nachzukommen. Erfahrungsgemäß ist es von Vorteil, seine Erwartungen in Grenzen zu halten und sich daran zu erinnern, dass man vor allem einen Ort erleben wollte, der sich wirklich anders anfühlt. Beim Reisen geht es um große wie um kleine Abenteuer. Das heißt auch, von Gewohnheiten abzuweichen. Mach dir keine Sorgen, wenn du das nicht findest:

Hinweise auf Englisch
Lerne vor deiner Abreise die wichtigsten Wörter in der Landessprache: danke und bitte, offen und geschlossen, Toilette etc.

Lückenloses WLAN
Du bist im Urlaub. Schalte dein Telefon aus!

Bankautomaten
Du weißt noch, wie man Geld in einer Bank wechselt, oder? Lerne es wieder, falls nicht. Tausche möglichst schon zu Hause Geld und trage immer so viel Bargeld bei dir, dass es reicht, bis die Bank öffnet.

Lange Öffnungszeiten
Nicht alle denken, dass es wichtig ist, um 22.00 Uhr oder sonntags einzukaufen.

Weltweite Ketten (Starbucks, McDonald's)
Kaufe regional und begeistere dich für Tante-Emma-Läden.

Zimmerservice 24/7
Oder Club-Sandwiches oder ein Fitnessraum mit deinen Lieblingsgeräten oder ein Businesscenter mit Drucker. Du weißt, was wir meinen. Geh am Strand laufen und freunde dich wieder mit Stift und Notizbuch an.

Reduktionsdiäten (Paleo-Diät, glutenfreie Ernährung, Keto-Diät)
Sorry, dein trendiger Lifestyle ist auf dieser abgelegenen Insel vielleicht noch nicht angekommen. Doch das vollwertige, regionale Essen hier könnte zur Offenbarung werden, wenn du ihm eine Chance gibst. Details zu Allergien solltest du für Restaurants allerdings in der Landessprache aufschreiben. Das Hotelpersonal kann dir dabei helfen.

Zeitlose Reiseziele

Das Gegenteil von trendy ist zeitlos. Das gilt für viele Bereiche – Mode, Essen und auch für Reisen. Für jeden neuen Schauplatz gibt es einen bewährten, zuverlässigen Ersatz, wobei »Ersatz« im positiven Sinn gemeint ist. Denn wie kann man etwas nicht lieben, das immer hält, was es verspricht, selten enttäuscht, und wobei du dich normalerweise großartig fühlst? Schließlich sind diese Dinge aus gutem Grund zeitlos.

Das sind die guten Nachrichten. Und jetzt die schlechten: Man ist hier nicht allein. Wir reden von Orten, die durchaus überfüllt sein können. Mit Unmengen, teilweise Busladungen von Touristen, billigem Nippes und schlechtem Essen, das Betrüger als regional verkaufen wollen. Man kann das vielleicht umgehen, wenn man die griechischen Inseln im Oktober und nicht im August bereist, den Trevi-Brunnen um Mitternacht und nicht am Mittag besucht und ein Hotel in Tribeca anstatt am Times Square bucht. Teilweise wird man die Kehrseite der Medaille aber auch lächelnd ertragen müssen, denn diese Orte sind sehr, sehr gut. Sie auszulassen, nur weil sie stark besucht sind, hieße, dich um wunderbare Sehenswürdigkeiten und Erinnerungen zu bringen.

Linke Seite: malerisches Griechenland; diese Seite, oben: klassisches römisches Ambiente; diese Seite, unten: Inseln kommen nie aus der Mode

DAS MITTELMEER
Griechische Inseln, Amalfiküste und Capri, Balearen und Côte d'Azur

Unerreichbarer Glamour, regionaler Wein zum Satttrinken, faule, lässige Mittagessen, Sonnenuntergänge, dunkelblaues Meer, Rückzugsorte an Felsklippen und kühle, geheimnisvolle Grotten.

Die Menschheit durchsegelte das Mittelmeer bereits seit Jahrhunderten zum Vergnügen, bevor es der Jetset in den 1960er-Jahren zu seiner offiziellen Spielwiese machte. Ibiza, St. Tropez, Capri, Mykonos: Allein die Erwähnung dieser Orte erweckt Bilder von Trinkgelagen, Knutschereien, Sonnenbaden, Schwimmen, Schlemmen und all den anderen Aktivitäten, die warme Tage und kühle Nächte unvergesslich machen. Aber warum stehen diese Orte so im Rampenlicht? Lies noch einmal die ersten Zeilen. Es gibt einen Grund dafür, dass Reisende, die einmal hier waren, immer wieder zurückkehren, oft zu denselben Buchten, Restaurants, Marinas und Hotels. Wenn man auf Spaß programmiert ist, will man daran festhalten. Diese Reiseziele am Meer machen alles richtig, sodass der Spaß von Generation zu Generation weitergeht.

ÜBRIGENS: Schlüpf in die Rolle der Jetsetter aus den 1950er-Jahren, inspiriert von den Stilikonen Brigitte Bardot, Grace Kelly, Sammy Davis jr., Gianni Agnelli und Alain Delon.

Rechte Seite: die Recommone-Bucht an der Amalfiküste; diese Seite, oben: Häuser und Himmel, sonnenüberflutet; diese Seite, unten: Blick von der Akropolis in Athen

Zebraherde am Ngorongoro-Krater in Tansania

DAS KLASSISCHE EUROPA
London, Paris, Rom

Die großen Städte Europas sind seit Jahrhunderten, damals wie heute, der Nährboden der westlichen Zivilisation: der Sitz von Kunst und Literatur, Kultur und Religion, Politik und Gesellschaft, Handwerk und Kochkunst. Sie waren die Hauptreiseziele der traditionellen Grand Tour (Bildungsreise) aus dem 17. Jahrhundert, dem Vorläufer der heutigen Eurail-Pass-Rucksacktouren. Diese Städte – und die Menschen, die sie von nah und fern bereisen – zeichnen sich durch vieles aus. Aktuell bleiben sie aber vor allem wegen ihrer Fähigkeit, sich selbst immer wieder neu zu erfinden. Rom hat das Kolosseum und das Museum MAXXI für zeitgenössische Kunst (maxi.art), Paris die Opéra Garnier und die Opéra Bastille, London hat die London Bridge (13. Jahrhundert) und die Millennium Bridge (21. Jahrhundert). Diese Orte leben, pulsieren und entwickeln sich immer weiter, was sie so unendlich inspirierend macht. Kannst du dir vorstellen, in Paris je alles gesehen zu haben? Unmöglich. Und darum kommt man immer wieder hierher.

AFRIKANISCHE SAFARI
Botswana, Kenia, Sambia, Südafrika

Die Luft steht still, und dein Herz klopft so laut, dass du denkst, die fünf Menschen neben dir können es hören. Du bist vor Sonnenaufgang aufgestanden, um den Spuren und dem frisch getrockneten Blut zu dieser Lichtung zu folgen. Plötzlich siehst du sie – nur ein paar Meter entfernt –, wie sie an etwas nagt. Nichts steht zwischen dir und der Löwin. Du hältst die Luft an, obwohl sie dich überhaupt nicht bemerkt. Du fühlst dich klein vor dem großen Ganzen. Du machst die Safari nicht, um möglichst oft die Großen Fünf oder Gnus in Massenpanik zu sehen. Es erinnert dich einfach daran, dass Mutter Natur nach ihren eigenen Regeln lebt, was überraschend beruhigend und Ehrfurcht gebietend wirkt. Von den Paarungsritualen der Kudus, der Verdauung bei Elefanten, dem Blutkreislauf der Giraffen, der Bedeutung jedes Zebrastreifens, von Termitenhügeln, giftigen Beeren und dem Schrei der Aasgeier zu lernen und sie in Echtzeit zu erleben erdet und macht demütig. Um die eigene Perspektive zu erweitern, gibt es nichts Besseres, als in die Wildnis einzutauchen.

Rechte Seite: Tokio Skyline; diese Seite, oben: Trevi-Brunnen, Rom; diese Seite, Mitte: Eiffelturm, Paris; diese Seite, unten: Afrikasafari; nächste Seite: Inselparadies im Pazifik

DIE METROPOLEN DER WELT
Manhattan und Tokio

Was immer du machst, werde bloß nicht langsamer. Wenn du gemütlich reisen willst, bist du hier falsch, denn New York und Tokio sind Wirbelwinde urbaner Energie, die im Zeitraffer pulsieren und gedeihen. Die Menschen hier gehen und reden schneller und verlangen von dir dasselbe. Die Street-Styles der Jugend ändern sich, bevor ihre Vorstadtkollegen diese überhaupt bemerkt haben. Menschen, die gesellschaftlich aufsteigen wollen, strömen seit Jahrhunderten nach New York City – um ihr Kleinstadtleben hinter sich zu lassen, um Ruhm und Reichtum zu finden und um Gleichgesinnte zu treffen. Besucher, die nur kurz hier sind, wünschen sich eine kleine Dosis davon: den Gotham-Mythos, den sie aus Filmen, Geschichten und Songs kennen. Tokio beeindruckt Traveller mit seiner Effizienz und Gastfreundschaft. Diese Stadt weiß, wie man alles besser macht: die Straße überqueren, Obst als Geschenk einpacken, pendeln und sogar die Toilette zu benutzen. Omnipräsente Warenautomaten liefern Ramensuppe, frische Bananen, Atemmasken und Unterwäsche; Cafés lassen dich an jahrhundertealten Teezeremonien teilnehmen oder Kätzchen knuddeln. Natürlich haben beide Städte auch ruhigere Seiten in Wohngegenden und Erholungsparks. Aber dies sind die Orte, die sich vor allem durch Adrenalin definieren.

DIE PAZIFISCHEN INSELN
Bora Bora, Tahiti, Fidschi

1891 floh Gauguin von Paris nach Tahiti und suchte dort Zuflucht vor den Fallstricken der Enge der europäischen Gesellschaft. Die sinnlichen Gemälde aus dieser Zeit lassen die friedliche, lebensprühende Schönheit auferstehen, die er hier vorfand: Fast riecht man die Blumen, die er in satten Farben auf die Leinwand brachte. Er ist nicht der Einzige, der auf der Suche nach einem Ort, wie man ihn am Rand der Welt findet, zu diesem Fleckchen Erde im fernen Pazifik floh. Es gibt dort Tausende solcher Inseln, die absolut luxuriös sind, obwohl sie keinen Komfort bieten. Hier zeigt sich die Natur in ihrer ganzen Schönheit: unberührte Sandstrände, leuchtende Korallen und kristallklare Lagunen. Dazu passt ein Spontanpicknick mit Kammmuscheln in der Schale und Zitrone, serviert auf Palmblättern. Spielt der Kapitän hier so zart die Ukulele? Tatsächlich. Egal, wenn er für die anderen frisch vermählten Pärchen spielt. Hier auf dem unendlichen Meer, sanft in der Brise schaukelnd, haben wir alle Sterne in den Augen.

REISETIPPS FÜRS LEBEN NR. 2

Reisen deines Lebens

Sieh das nicht als Muss-Reiseziele, sondern als Aufzählung unvergesslicher Orte – die B-Seite, nachdem du die besten Hits schon gespielt hast.

ANTARKTIS
Eisiges Wunderland voller Pinguine und Polarbären.
Extra Nervenkitzel: Eisberge mit dem Schiff anfahren.

DIE NORWEGISCHEN FJORDE
Wo Berge dramatisch auf das Meer treffen.
Seltenes Gruselgefühl: Vibes der alten Wikinger spüren.

MACHU PICCHU
Die einst verborgene Stadt der schlauen Inkas.
Auf dem Hügel: Bestaune eines der neuen sieben Weltwunder.

VENEDIG
Immer noch schwimmend, immer noch schön.
Die Übung: Du solltest dich hier verlaufen.

RAJASTHAN
Farbenprächtiges Land der indischen Fürsten.
Stofffabriken: Bringe Textilien als Souvenirs mit.

DIE SEIDENSTRASSE
Wandere auf den Spuren historischer Händler.
Geschichtsexkurs: Waren, Ideen, Religionen kamen auf diesem Weg von Indonesien über China, Persien und Ägypten nach Italien.

DIE SCHWEIZER ALPEN
Skiurlaub nur eine Stunde von den großen Städten entfernt.
Halte inne: Die Berge leben, die Seen sind grandios.

BHUTAN
Königreich voller Glück und der Himalaja.
Goodwill: Die einzige Hauptstadt von Welt, die keine Ampeln braucht.

DER WESTEN DER USA
Wo der Mythos des American Cowboys lebt.
Dinner mit Grill: Ein schönes saftiges Steak ist Pflicht.

DIE TOSKANA
Perfektes Klischee des italienischen Landlebens.
Zeit für ein Gläschen: Chianti, Bolgheri, Brunello, Vin Santo oder Supertoskaner.

DIE CHINESISCHE MAUER
Bis heute ein architektonisches Wunder.
Passt aufs Bild: Doch vom Mond aus kann man sie nicht sehen.

DER KILIMANDSCHARO
Der imposante Gipfel, den man sogar bezwingen kann.
Das Maß vollmachen: Nach dem Aufstieg ein Ausflug an den Strand.

DIE PYRAMIDEN VON GIZEH
Geschichten von Mumien, so mysteriös wie magisch.
Ganz still: Reflektiere diese Wunder bei einer Bootsfahrt auf dem Nil.

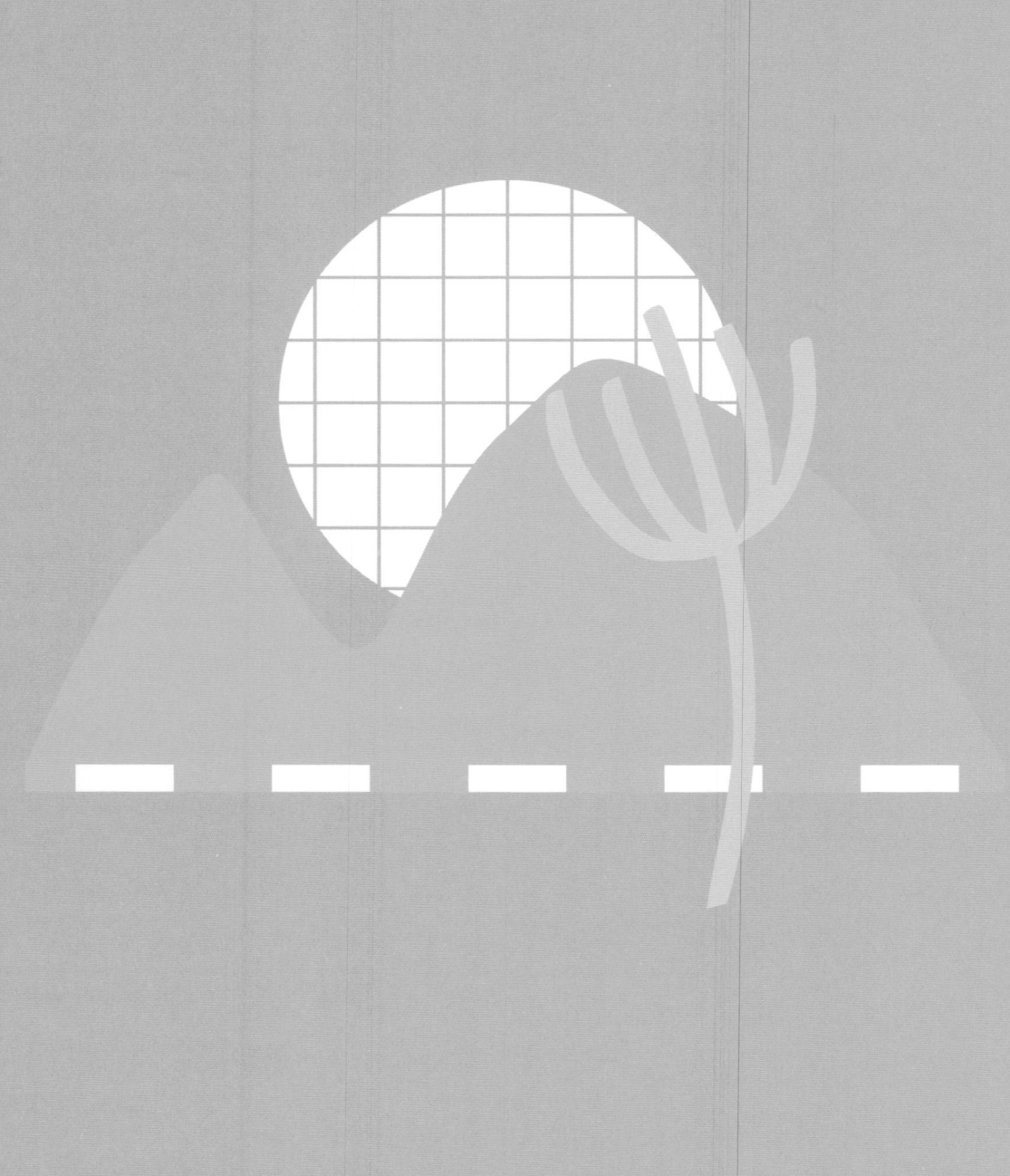

TEIL III

Offline reisen

Einfach mal abschalten

Niemanden überrascht es mehr, dass uns Smartphones, Fitnessarmbänder, Echtzeit-Wecker, virtuelle Assistenten und Social-Media-Apps ängstlich, schuldbewusst, weniger produktiv und etwas narzisstischer machen. Aber angesichts der ständigen Flut an Eilmeldungen, Newsfeeds, Textnachrichten und Gruppenmails ist es unmöglich, wirklich komplett darauf zu verzichten.

Oder etwa doch?

Manche Menschen können sich disziplinieren oder sie beschäftigen Assistenten für ihr digitales Leben. Normale Menschen hingegen, ohne den eisernen Willen, sich nachts noch einem letzten Twitter-Scroll zu widersetzen, brauchen oft etwas mehr Unterstützung beim Abschalten – zum Beispiel eine Beschäftigung, bei der sie offline gehen müssen.

Wer hätte gedacht, dass Funklöcher, lückenhafte WLAN-Verbindungen und alles andere, was uns Menschen von digitaler Zerstreuung abhält, so … verlockend sein können? Wenn ein totaler »Digital Detox« nötig ist, geht man manchmal einfach am besten vom Netz.

Der Hardwareverzicht garantiert nicht nur den süßen Sound der Stille, sondern schärft auch die Naturwahrnehmung. Sich von den unablässigen Anforderungen der digitalen Welt zu lösen ist die Essenz von Urlaub.

Es überrascht nicht, dass die Plätze, die uns anziehen, meist in spektakulären Landschaften liegen. Sie bieten Unterkünfte und Umgebungen, die zu Reflexion, Entspannung und zum Auftanken einladen – mit körperlicher Bewegung, gutem Essen, Wellness und viel Zeit für sich selbst. Niemand kontert gesellschaftliche Exzesse so effektiv wie Mutter Natur.

Nebenwirkungen dieser Art zu reisen sind mit Sicherheit Ausschüttungen des Glückshormons Dopamin, eine bessere Achtsamkeit und Wertschätzung der Umwelt sowie ein Gefühl der Ehrfurcht. Hier sind, ohne Ranking, die besten Plätze zum Ab- und Ausschalten, die wir kennen.

Linke Seite: Sonnenuntergang auf Petit St. Vincent, Karibik; diese Seite: Strandritt im Patagonia Austral Marine National Park, Argentinien; nächste Seite, links: das fast verlassene Quirpon Island, Neufundland; nächste Seite, rechts: ein abgeschiedener Ort in den Wäldern Umbriens bei Terni, Italien

ÜBRIGENS: Die Vorfahren der Labrador Retriever kommen aus Neufundland und Labrador, den östlichsten Provinzen Kanadas. Sie wurden ursprünglich als Arbeitshunde für Fischer gezüchtet und eingesetzt. »Labs« sind nicht nur überaus liebenswert, sondern auch gute Schwimmer und zuverlässige Rettungshunde.

POLAR UND PERFEKT: DAS QUIRPON LIGHTHOUSE INN
Quirpon Island, Neufundland, Kanada

In den Weiten des Nordatlantiks, in Kanadas östlichster Provinz, bieten die Felsküsten der abgelegenen Inseln Neufundlands ausgezeichnete Einblicke in das arktische Leben – Papageientaucher, Eisberge und Polarbären sind hier zu Hause. Ein rustikales Seefahrer-Wochenende können Traveller auf dem noch weiter im Meer gelegenen Quirpon Island erleben, einer verlassenen Landzunge, die man in einer fünfstündigen Fahrt von Deer Lake und mit privatem Bootstransfer erreicht. Hier übernachtet man von Ende Mai bis zur dritten Septemberwoche in einem zum Gasthaus umgebauten Leuchtturm mit zehn gemütlichen, einfachen Zimmern. Wegen der Lage gibt es hier fast kein Mobilfunknetz und sicher kein WLAN. Dafür herumtollende Füchse, Expeditionen zum Beerensammeln, eine 100 Jahre alte Ansiedlung zum Erwandern sowie Zodiac-Schlauchboote und Kajaks zum Eisberg-Viewing. Die wahren Stars der Insel sind die 27 Walarten, einschließlich Buckelwale, Zwergwale und Orcas. Eine Begegnung mit diesen »Riesen« ist fast unvermeidbar, und das Gasthaus lädt dazu ein, es sich in der beheizten »Whale-Watching-Station« mit einem guten Buch und einer Tasse Tee gemütlich zu machen und zu lauschen, ob die Wale singen.

linkumtours.com
+1 87 72 54 65 86

ABGESCHIEDENHEIT IN ITALIEN: DAS EREMITO

Parrano, Umbrien, Italien

Der Unternehmer Marcello Murzilli brauchte fast vier Jahre für Planung und Bau dieses modernen Klosters, seiner Vision eines umweltbewussten, vor dem digitalen Zeitalter sicheren Zufluchtsorts. Der Retreat mit 21 in alten Steinmetztechniken erbauten Zimmern auf einem der Hügel Umbriens liegt 90 Minuten von Rom entfernt. Hier bemüht man sich sehr, das Leben, wie wir es kennen, zu vereinfachen. Diese neue Art des Reiseerlebnisses ist besonders für Alleinreisende gedacht: Es gibt kein Internet, keine Minibar und kein Fernsehen. Täglich um 20.00 Uhr kündigt ein Gong das Abendessen in Schweigen an. Die Zutaten dafür liefern der Garten und benachbarte Bauernhöfe. Serviert wird im Speisezimmer nach Art eines Refektoriums bei Kerzenlicht. Es gibt Frühstück und Mittagessen, tägliches Yoga und Meditation, eine Steingrotte mit Hot Tub (holzbefeuerter Badezuber) sowie Dampfbad und rundherum die idyllische Landschaft. »Eremito« heißt »Eremit«, eine Aufforderung, in sich hineinzuspüren und sich in innerer Abgeschiedenheit zu üben.

eremito.com
Località Tarina 2
+39 07 63 89 10 10

SCHWER ZUGÄNGLICHES ALASKA: SHELDON CHALET
Denali National Park, Alaska, USA

Den größten Teil der 1950er-Jahre erforschten und kartierten der Bergsteiger und Landvermesser Donald Sheldon und seine Frau Roberta, ebenfalls Pionierin, Teile der Alaskakette im damaligen »Alaska Territory«. Unter dem Abschnitt »Handelsstützpunkte« des Homestead Act (Bundesgesetz zum Landerwerb) beantragten sie einen zwei Hektar großen Flecken Land mit einem frei stehenden Felsen über einem weiten Schneefeld für sich, 16 Kilometer vom Gipfel des Denali. Eine Generation später eröffneten ihre Kinder hier eine heimelige Gletscherinsel-Lodge der Extraklasse mit fünf Zimmern, die nur per Hubschrauber oder Flugzeug zu erreichen ist. Besucher erwartet hier eine außergewöhnliche Natur, da das achteckig gebaute Chalet kilometerweit über unberührte Schneeflächen und glitzernde Gletscher blicken lässt. Handynetz und Internetzugang gibt es hier nicht (Reiseleiter, Küchenchef und Hausmeister kommunizieren per Radio mit der Außenwelt). Jedes Stück Bauholz, jeder Schubladengriff und jede Königskrabbenschere werden über eine kleine Landepiste eingeflogen, die Sheldon senior eingerichtet hatte. Es gibt keine Bewohner, ein paar Tiere und wenig Vegetation. Nur friedvolle Stille und unglaublich frische Luft. Bis zu zehn Gäste können sich hier aufhalten. Man genießt die regionale Küche, entspannt sich in Hängematten oder vor dem offenen Kamin und nimmt an einer Vielzahl von Exkursionen teil: Gletschertrekking, Skifahren, Seiltouren, Heli-Lachsfischen, Flug über einen Mammutiden-Friedhof, Iglu-Picknick mit Alaskawurst und der Besuch abgelegener heißer Quellen. Abends liefern Meteoritenschauer, Eisblizzards und die freie Sicht auf das nördliche Polarlicht die Show.

sheldonchalet.com
+1 90 78 54 70 07

Dinge, die du ohne Blick ins Handy tun kannst: eine Checkliste

- ☐ Schach spielen lernen
- ☐ Drachen steigen lassen
- ☐ Leute beobachten
- ☐ Lagerfeuer machen
- ☐ echte Unterhaltungen mit Fremden führen
- ☐ Dinge, die du siehst, in ein Notizbuch skizzieren

- ☐ Glücksspiele spielen
- ☐ üben, auf zwei Fingern zu pfeifen
- ☐ Blumen pressen
- ☐ einen Falken abrichten
- ☐ auf dem Rücken im See oder Meer treiben
- ☐ Brot backen

KARIBISCHE TRÄUME: PETIT ST. VINCENT

St. Vincent und die Grenadinen, Karibik

Wer erst nach Barbados fliegt, dann mit dem Kleinflugzeug nach Union Island und von dort per Boot die Küste dieser nur wenig bekannten Karibikinsel erreicht (man nennt sie PSV), der erinnert sich nur noch vage an die Welt da draußen. Der Grund dafür, dass dieses kleine Inselresort so perfekt ist, liegt teilweise an seiner schweren Erreichbarkeit. Man spürt eine streng netzbefreite Luxusatmosphäre, die kultiviert wird und sich über die letzten 50 Jahre ungestört entwickelte. Die Gäste der 22 einfachen Strandhütten genießen unberührte Privatstrände, tadellosen Service und haben Zugang zum Jean-Michel Cousteau Caribbean Diving Center (jeanmichelcousteau diving-caribbean.com). Dass Cousteau diesen Standort wählte, sagt viel über die Qualität des Tauchens und Schnorchelns hier aus.

Keine Schlösser, keine Uhren, kein Fernsehen und kein WLAN auf den Zimmern. Im Hauptbüro gibt es Festnetztelefone und, je nach Wetter, kleine Mobilfunksignale von den Nachbarinseln. Doch eigentlich soll man hier komplett offline gehen. Die Gäste können spazieren gehen, Rad fahren oder in kleinen Mini Mokes über die Insel trampen. Mit dem Personal kommuniziert man per Flaggensignal – rot heißt »bitte nicht stören«, gelb, dass man etwas braucht. Die Küche ist regional und serviert den Fang des Tages, und es wird auf dem Zimmer oder im Beach-Restaurant serviert (Sandboden, man braucht keine Schuhe). Der Wellnessbereich ist in den Hügel gebaut; Holzstege führen zu den Behandlungsräumen mit Meerblick. Ebenfalls auf der Agenda stehen Kajakfahren, Segeln und Sonnenaufgänge nach erholsamen Nächten.

petitstvincent.com
+1 80 06 54 93 26

Linke Seite, oben: Ankunft auf der Landepiste von Sheldon Chalet; linke Seite, unten: das nördliche Polarlicht; diese Seite, oben: ein Tauchkumpan im klaren Wasser vor der Küste von Petit St. Vincent; diese Seite, Mitte: Blick auf Meer und Strand; diese Seite, unten: etwas Musik; nächste Seite: das Alphonse-Atoll, Seychellen

ABGELEGENE SEYCHELLEN: ALPHONSE ISLAND
Outer Islands, Seychellen

Der perfekte Ort für einen ungestörten Urlaub ist das natur-belassene private Inselresort 400 Kilometer südwestlich der Seychellen-Hauptstadt Mahé, weit vor dem afrikanischen Festland. Man muss nicht erwähnen, dass es hier weder WLAN auf den Zimmern noch Mobilfunknetz gibt. Aber weswegen sollte man telefonieren, angesichts all dessen, was dieser un-berührte Flecken mitten im Indischen Ozean bietet? Neben vielen anderen Möglichkeiten für Wassersport und Wildtierbe-obachtung kann man Riesen- und Meeresschildkröten folgen, mit Spinnerdelfinen schwimmen, Sportfischen, Fliegenfischen und Korallenriffs erforschen. (Alphonse ist das einzige Atoll der Outer Islands, auf dem man Sporttauchen ausüben kann. Die anderen Inseln sind unbewohnt.) Zu den Unterkünften gehören 22 einzeln stehende Bungalows und fünf Suiten mit Klimaanlage, Fahrrädern, Duschen im Freien und Zugang zu den zahllosen weißen Sandstränden der Insel, auf denen man die Sonnenuntergänge genießen kann – wenn man das nicht Cocktail schlürfend auf einem Katamaran tut.

alphonse-island.com
+27 824 96 45 70

ÜBRIGENS: Natur im Überfluss findet man bei Reisezielen in Mittel- und Südamerika. In Patagonien, einer Region von unglaublicher Weite mit Wüste, Gletschern und Regenwald, gibt es fast so viele Pinguine wie Menschen. Nicaraguas Fläche beträgt 0,01 % der globalen Landmasse, seine Biodiversität 7 %.

NATUR-OVERLOAD IN PATAGONIEN: DIE BAHIA BUSTAMANTE LODGE
Patagonien, Argentinien

Wenn man eine nachhaltig wirtschaftende Schaffarm um sich hat, eine Insel voller Magellan-Pinguine und einen 60 Millionen Jahre alten versteinerten Wald in der Nachbarschaft, will man vielleicht nicht unbedingt E-Mails lesen. Allerdings bietet diese einstige Seetangsammler-Siedlung und heutige Öko-Lodge am Meer erst gar keine Wahl: Es gibt kein Mobilfunknetz, und Elektrizität nur abends; dann funktioniert auch manchmal das WLAN in der Lobby. Die wunderschön restaurierten Hütten, ehemalige Häuser der Arbeiterfamilien, haben auch kein Fernsehen. Das erinnert einen umso besser daran, sich auf das zu konzentrieren, weswegen man eigentlich hierherreiste: um die natürliche Schönheit und Biodiversität der Strände, der Klippen und des umliegenden Landes zu genießen. Das Gelände ist Teil des Patagonia Austral Marine National Park sowie des Biosphärenreservats Patagonia Azul der Unesco und strotzt vor Wildtieren - einschließlich Seelöwen, seltener Vögel, Gürteltieren und Guanakos (Kamelart). Gäste können sie per Rad, zu Fuß oder auf einer der vielen, je nach Wetterlage organisierten Tagestouren beobachten.

bahiabustamante.com
9111 Comodoro Rivadavia
+ 54 911 41 56 77 88

EIN RÜCKZUGSORT IN NICARAGUAS NEBELWALD: FINCA ESPERANZA VERDE
San Ramón, Matagalpa, Nicaragua

Mitten im Grün eines Nebelwalds in den Bergen gelegen, bietet diese Öko-Lodge und Bio-Kaffeefarm Besuchern die Gelegenheit, sich auf einen anderen Lebensrhythmus einzulassen. Die Zimmer sind einfach, ohne Strom - lediglich Hängematten und endlose Ausblicke. WLAN gibt es ausschließlich im Essbereich. Nur die Bücherei verfügt über eine Ladestation - erwarte also nicht, hier irgendwelche Deadlines einhalten zu können. Alles wird mit Solar- und Wasserkraft angetrieben (die Duschen und Brotbacköfen mit Holzfeuer), und das Bergwasser ist so sauber, dass es sogar offiziell als Trinkwasser zertifiziert ist. Das köstliche Essen wird direkt vor Ort von einem alten Bauern angebaut, der nach dem Mond und der Position der Sterne pflanzt.

Die Tage hier verbringt man im Schmetterlingsgarten, auf Wanderungen zu Wasserfällen, mit Vogelbeobachtung und abendlichen folkloristischen Jamsessions am Lagerfeuer. Was den Wecker angeht, so sorgen Brüllaffen für das morgendliche Erwachen. Den Angestellten der Finca (Ranch) wurde Verantwortung übertragen, indem sie in die Planung neuer Projekte mit eingebunden und ermutigt werden, stolz auf das Betreiben der Farm zu sein. Die meisten von ihnen leben in einem Vier-Kilometer-Radius um die Farm herum und gehören zur ländlichen Gemeinde La Chispa. Die Besitzer der Ranch unterstützen sogar eine Grundschule für 45 Kinder der Gemeinde auf dem Gelände und organisieren einen kulturellen Austausch, bei dem Gäste die Einheimischen in ihrem Zuhause kennenlernen können.

fincaesperanzaverde.com
+505 87 75 53 41

AN DER KÜSTE WESTAUSTRALIENS: SAL SALIS NINGALOO REEF

Cape Range National Park, Westaustralien

Ein Safaricamp. Am Strand. Neben dem weltgrößten Korallenriff in Schwimmweite. Völlig ohne Internetzugang oder Mobilfunkempfang – das ultimative »Digital Detox«. Mit so viel freiem Platz im Kopf kann sich hier jeder Gast sein Abenteuer herauspicken: Mit geführten Buschausflügen kann man das Outback des Cape Range National Park, eine zerklüftete Sandsteinformation voller Höhlen und dramatischer Schluchten, erkunden. Man trifft auf Emus, Wallabys sowie Rote Riesenkängurus und sieht eine Flora, die es nur in diesem Gebiet gibt, das vor Urzeiten eine eigene Insel war. Meeresexkursionen im Ningaloo Marine Park ermöglichen es, mit Walhaien, Buckelwalen und Delfinen zu schwimmen, zwischen Wasserschildkröten zu paddeln und durch Korallenlagunen zu schnorcheln. Nach sensationell gutem westaustralischem Essen und Wein zieht man sich in eines der 15 Luxuszelte zurück und muss nur noch einen Blick nach oben auf die außergewöhnlich schöne Milchstraße werfen, um diesen Erlebnistag in der Natur würdig abzuschließen.

salsalis.com.au
Cape Range National Park, Exmouth, WA
+61 899 49 17 76

ICH BIN DANN MAL WEG AUF DEN MALEDIVEN: SONEVA FUSHI

Baa-Atoll, Malediven

Nichts stresst, wenn man in der eigenen Luxusvilla den Horizont bestaunt, auf einer abgeschiedenen Privatinsel in einem der weltweit schönsten Ecken des weiten Ozeans. Wenn man von digitalen Medien leicht abgelenkt wird, kann man Schritte unternehmen, um offline zu bleiben. Neben luxuriösen Annehmlichkeiten wie Pools, Weinkühlschränken und Dampfbädern hat jede Villa einen Ausschalter für das WLAN. Die Gemeinschaftsflächen haben gar keinen Internetempfang, was es den Gästen erlaubt, sich bei Wellnessbehandlungen, Musikunterricht, Barkeeperkursen, Kunsthandwerk mit den Kindern, Filmvorführungen unter dem Sternenhimmel und ausgewählten Dinnererlebnissen komplett zu erden. Wer auch all dies hinter sich lassen möchte, fährt per Boot zur Apnoetauchexkursion, auf eine nahe gelegene Sandbank zum Übernachten im Beduinenzelt oder auf eine unbewohnte Insel zum maledivischen Luxusdinner in einem Strandrestaurant.

soneva.com
Kunfunadhoo Island
+960 660 03 04

GESUNDHEIT UND WELLNESS: VILLA STÉPHANIE
Baden-Baden, Deutschland

Seit der Belle Époque lockt Südwestdeutschlands berühmte Bäderstadt im Schwarzwald die Vornehmen dieser Reisewelt an, die sich eine ganzheitliche Verwöhnkur in den alten römischen Bädern gönnen wollen. Villa Stéphanie, ein elegantes Herrenhaus mit 15 Zimmern, grenzt an die 145 Jahre alte Fünf-Sterne-Herberge Park-Hotel Brenners an. Sie ist ein Reiseziel für »Digital Detoxer«, bei dem keine Kosten und Mühen gescheut wurden. Alle Innenwände sind mit Kupfergitter ausgerüstet, sodass man per Knopfdruck am Bett jegliche drahtlose Kommunikation ausschalten kann. Derart von digitaler Verschmutzung befreit, können die Gäste dem architektonischen Erbe des Anwesens mit wunderschönen Vorhöfen, Marmorbädern, schmiedeeisernen Balkonen, einer Bibliothek und edlen Loro-Piana-Textilien alle Aufmerksamkeit zollen. Der fast 5000 m² große Spa-Bereich ist teils futuristische Klinik, teils altertümlicher Hamam (mit Sauna, Tauchbecken, Thermalbereich und privatem Fitnessraum). Es gibt Detox-Programme für alle möglichen Leiden und modernste medizinische Versorgung durch Experten aus den Bereichen Physiotherapie, Zahnheilkunde, Augenheilkunde u. a. Diätassistenten servieren maßgeschneiderte Mahlzeiten für die Länge des Aufenthalts. Nach einer entspannenden Massage und einem Social-Media-freien Abend fühlt sich der Gedanke an morgendliche Spaziergänge durch die Privatgärten, Wasseraerobic oder Bergwandern nicht anstrengend an, sondern eher wie ein Umschalten auf eine gesündere Lebensweise.

oetkercollection.com
Schillerstraße 4/6
+49 72 21 90 06 02
Spa-Öffnungszeiten: 8.00–20.00 Uhr

Diese Seite: die westaustralische Küste; nächste Seite: unterwegs in den Sumpfgebieten des Northern Territory, Australien

AM RAND DER WELT: BAMURRU PLAINS
Top End, Northern Territory, Australien

Die Überschwemmungszone der Küste von Australiens Top End bereist man befreit von Internet, WLAN und Mobilfunknetz. Dieses Buschland verwandelt sich von Mai bis Oktober vorübergehend in eine Wasserwelt, die ausgefüllte Safaritage verspricht. Im Bamurru Plains lassen zehn stylishe Bungalows mit Solarbetrieb, auf drei Seiten mit Wänden aus Netzen ausgerüstet, Gäste die Wildnis rundum hautnah spüren. Bei Sonnenaufgang fliegen Sumpfboote über die Überflutungsflächen, auf der Suche nach Blauflügel-Kookaburras, Spaltfußgänsen und Krokodilen (die Gegend hat eine der größten Krokodildichten weltweit). Auf dem Festland verbringt man die Tage auf offenen Lastwägen, auf Quads oder zu Fuß, auf den Spuren von Wallabys, Büffeln, Wildpferden und unzähligen seltenen Vogelarten. Einmal offline gegangen, stellt man vielleicht fest, dass es einem am besten geht, wenn man nichts weiter tut, als in dem Infinity Pool zu entspannen, Bush Food zu snacken und die Selbstbedienungsbar zu besuchen. Abends warten Drei-Gänge-Menüs rund um regionale Produkte und Wild.

bamurruplains.com
Mary River Floodplain, Kakadu
+61 295 71 63 99

Into the Wild:
geführte Touren

Diese Gruppenreisen und Expeditionen fern vom digitalen Netz sind nichts für deine aufmerksamkeitsbedürftigen Freunde, denn hier warten körperlicher Einsatz, Komposttoiletten und nicht selten kalte Duschen. Dafür bieten sie atemberaubende Eindrücke und unvergessliche Erinnerungen an Landschaften und kulturelle Begegnungen.

RENTIEREXPEDITION IN RUSSLAND
Russland und Sibirien

Intrepid Travel, die erfahrene Agentur für weltweite Erlebnisreisen, bietet ein ausgefallenes 15-Tage-Abenteuer für Unerschrockene an. Die Kleingruppenreise für vier bis zwölf Personen beginnt mit einer 47-stündigen, WLAN-freien Zugreise (25 Stunden mit der Polarkreiseisenbahn), einem Busabenteuer sowie einer Spaßfahrt mit einem russischen Offroad-Amphibienfahrzeug und bringt dich weit hinter den Polarkreis auf die Jamal-Halbinsel. Hier heißt der Stamm der Nenzen, nomadische Rentierhirten, die Gruppe willkommen. Es folgen Rentierschlittenfahrten, Fischen und Schneemobilfahrten in die gefrorene Tundra, aber vor allem die Kameradschaft mit den Nomaden und das Erlernen lebensrettender Tricks, z. B., wie man sich bei −46°C warm hält.

Gut zu wissen: Keine Toilettenspülung, kein Mobilfunknetz und kein WLAN. »Reisen ohne Komfort« wäre fast untertrieben.

intrepidtravel.com

ÜBRIGENS: Neueste Studien entdeckten ein »Wanderlust-Gen« – die Genvariante DRD4-7R. Es soll den Dopaminspiegel im Gehirn beeinflussen und mit erhöhter Neugier, Risikobereitschaft und Ruhelosigkeit einhergehen.

Linke Seite: die Soneva-Fushi-Sandbank auf den spektakulären Malediven; diese Seite: Roadtrip-Fahrzeug für arktische Abenteuer

SCHLUMMERN ZWISCHEN BLITZEN
New Mexico, USA

An dieser geheimnisvollen Wüstenlocation im Catron County, New Mexico, 2195 Meter über dem Meer, wird die Natur zur Kunst. Sechs Personen werden an einen geheimen Platz gefahren, wo sie an einer nächtlichen Land-Art-Installation des amerikanischen Bildhauers Walter de Maria teilnehmen. Sein »Lightning Field« (Blitze-Feld) besteht aus 400 Edelstahlstangen in der High Desert, auf einer Fläche von 1,6 x 1 Kilometern. Die Besucher sollen das Feld, insbesondere bei Sonnenunter- und -aufgang, erwandern, egal, ob es ein Gewitter gibt oder nicht, und die bewusstseinsverändernde Wirkung der Sonnenstrahlen auf den Metallstangen sowie den Erdboden, der von Blitzeinschlägen verkohlt ist, auf sich wirken lassen. In den Hütten warten einfache Mahlzeiten, Bücher und nur ein Notfalltelefon.

Gut zu wissen: Seit ihrer Aufstellung 1977 ist die Installation zunehmend ausgebucht. Man sollte frühzeitig reservieren und feste Schuhe einpacken.

diaart.org
+1 50 58 98 33 35

RESET AUF NULL: »THE RANCH«
Malibu, Kalifornien, USA

Hier kann man zum Ursprung der Dinge zurückkommen, auf der Suche nach gesundem Geist, Körper und Seele. Das Anwesen im Hacienda-Stil aus den 1920er-Jahren, ein ehemaliges Sommercamp, liegt in einem über 40 Hektar großen Areal und wurde in 14 gut eingerichtete Bungalows mit Gemeinschaftsräumen, Essbereichen drinnen und draußen, zwei Trainingsarealen und einer ganzjährig wirtschaftenden Bio-Farm umgewandelt. Es gibt kein Mobilfunknetz, und das WLAN ist auf die Zimmer begrenzt. Du solltest das als medienfreies Bootcamp zur Selbsterfahrung nutzen und auf ausgedehnten Wanderungen oder beim morgendlichen Ausharren in der Chaturanga-Pose für ausreichend Flüssigkeit sorgen. Je nach Programm sind die Tage mit Fitness, Wellness und spartanischen Mahlzeiten gefüllt.

Gut zu wissen: Egal, ob du hier vier, sieben oder zehn Tage verbringst, du stimmst dich schon 30 Tage vorher mit Übungen, Diätvorschriften und Anpassungen deiner Lebensgewohnheiten auf die Mega-Detoxerfahrung ein.

theranchmalibu.com
12220 Cotharin Road
+1 31 04 57 87 00

Linke Seite: der »Great Room« der Ranch auf Live Oak; diese Seite, oben: Nachthimmel in New Mexico; diese Seite, unten: Wandern in Malibu, Kalifornien

Mit Intrepid Travel auf Rentierexpedition in Russland

SCHLAFEN IM HIMMELBETT: OKAVANGODELTA

Khwai Private Reserve, Botswana

Über die Safarigruppe Natural Selection können Besucher ein mehrtägiges Nachtabenteuer in zwei Lodges mitten in der afrikanischen Wildnis buchen. Das »Skybed Camp« besteht aus rustikalen, dreistöckigen Holzplattformen zwischen den Bäumen, mit Blick auf eine von Giraffen, Gnus und Elefanten frequentierte Wasserstelle. Nach ein oder zwei Nächten unter den Sternen kann man in das benachbarte »Sable Alley Camp« umziehen, eine luxuriösere (aber genauso wenig digital erschlossene) Zeltunterkunft neben einer Lagune, mit Sitzecke, Doppelbett und Schreibtisch, an dem sich Tierbeobachtungen und Eindrücke festhalten lassen.

Gut zu wissen: Reise mit Freunden. Das Camp kann Gruppen von bis zu sechs Personen aufnehmen (keine Kinder unter zwölf Jahren).

naturalselection.travel
+27 210 01 15 74

PADDELN NACH HERZENSLUST AUF DEM FROZEN OCEAN CANOE TRIP

Kejimkujik National Park, Nova Scotia, Kanada

Camping, bei dem man wirklich mitanpacken muss: Die Agentur Whynot Adventure bietet dreitägige geführte Kanutouren zu verschiedenen Campingplätzen im Park an, auf denen Besucher die Wildnis der ostkanadischen Seenprovinz erkunden können. Die Kanuten bekommen ein Zelt mit Ausrüstung, einfach zuzubereitende Gerichte und jeden Morgen frisch gemahlenen Kaffee. Die Tage verbringt man auf malerischen Seen und Flüssen. Ein schönes Erlebnis für abenteuerlustige Familien und Freundesgruppen.

Gut zu wissen: Der Trip ist nur für Menschen geeignet, die körperlicher Aktivität über mehrere Stunden gewachsen sind.

whynotadventure.ca
+1 90 26 82 22 82

Rechte Seite: Basecamp in Grönland; diese Seite, oben: Nachthimmel über Botswana; diese Seite, Mitte: Kanupaddel für den Frozen Ocean Trip; diese Seite, unten: ruhige Gewässer in Kanada

AUF DER EISDECKE SCHLAFEN
Grönland

Das Luxuscamp im Safaristil von Natural Habitat Adventures liegt am Rand des Grönländischen Eisschilds, an einem der abgelegensten Plätze der Erde. Bis zu zwölf Gäste erleben hier Gegenden, die nur wenige Menschen je besuchten. Das Gebiet, bis vor Kurzem nur per Kajak zugänglich, ist das einzige Luxusbasecamp der Welt. Fühle die kühle Brise massiger Eisberge, halte Ausschau nach Walen und reibe mit den Inuit in ihren Fischerdörfern Ellbogen. Abends halten Arktisforscher, die auch als Guides fungieren, Vorträge. Da es weder WLAN noch Handynetz gibt, musst du dir das Teilen von Abenteuern und Fotos für daheim aufheben.

Gut zu wissen: Umweltverträglichkeit ist ein sehr wichtiger Aspekt bei Reisen durch die sich schnell verändernde Arktis und andere vom Klimawandel bedrohte Lebensräume. Die CO_2-Emissionen der Reise werden von Natural Habitat, dem ersten CO_2-neutralen Reiseunternehmen der Welt, zu 100 Prozent kompensiert.

nathab.com
USA und Kanada: +1 80 05 43 89 17;
international: +1 30 34 49 37 11

REISETIPPS FÜRS LEBEN NR. 3

Wie mitten im Nirgendwo

Manche unserer Lieblingsunterkünfte sind zwar technisch auf dem Stand des 21. Jahrhunderts. Offline zu gehen ist hier jedoch die bessere Alternative.

EXPLORA RAPA NUI
Osterinsel, Chile
Ernste Steingesichter, Blick aufs Meer, von Experten geführte Expeditionen.
explora.com

HÓTEL BÚÐIR
Halbinsel Snæfellsnæs, Island
Papageientaucher als Nachbarn, regionales Essen, Lavafelder und Nordlichter.
hotelbudir.is

TIERRA ATACAMA HOTEL & SPA
San Pedro de Atacama, Chile
Von Sanddünen aus Sterne beobachten, Geysire, Thermalquellen, Pferde.
tierrahotels.com

SOUTHERN OCEAN LODGE
Kangaroo Island, Südaustralien
Tiere zuhauf und nichts zwischen deinem Innenhof und der Antarktis.
southernoceanlodge.com.au

AMANGIRI
Canyon Point, Utah, USA
Von den Navajos inspiriertes, beeindruckendes Wüstenjuwel.
aman.com

TAPROBANE ISLAND
Weligama Bay, Sri Lanka
Eine legendäre Villa, zu der Gäste zu Fuß oder auf Elefanten durchs Meer waten.
taprobaneisland.com

FOGO ISLAND INN
Fogo Island, Neufundland, Kanada
Raue, wunderschöne Küste, jahrhundertealte Kultur, lebendig und blühend.
fogoislandinn.ca

THREE CAMEL LODGE
Südliche Wüste Gobi, Mongolei
Fantastisches Jurtencamp, in direkter Nachbarschaft von 5000 Jahre alten Felszeichnungen.
threecamellodge.com

KÜSTENKREUZFAHRT VOR KIMBERLEY
Kimberley, Westaustralien
Die drei Schiffe von Coral Expeditions wurden extra für Erkundungsfahrten gebaut. Die Küstenexpedition vor Kimberley dauert mindestens zehn Nächte und führt von April bis September tief in die historische, schwer zugängliche Region hinein. Zu erleben gibt es Wasserfälle, kunsthistorische Stätten und Expertendokumentationen zu Landschaft, Natur, wilder Tierwelt und Geschichte. Auf 400 000 Quadratkilometern leben hier nur 30 000 Menschen, was Kimberley zu einer der größten unberührten Wildnisse weltweit macht.

Gut zu wissen: Die Schiffe sind viel intimer als normale Kreuzfahrtschiffe, was u. a. ihren Reiz ausmacht. Es gibt drei Typen, die in Form und Größe variieren. Das größte fasst bis zu 120, das kleinste nur 44 Gäste.

coralexpeditions.com
+61 740 40 99 99

Rechte Seite, oben: Raftingtour mit Coral Expeditions; rechte Seite, unten: Walking Safari; diese Seite: Wasserfälle in Westaustralien

ABENTEUER IN SAMBIA
South Luangwa National Park, Sambia

Seit Jahrzehnten führt Robin Pope, einer der Pioniere der Walking Safaris, kleine Gruppen in die afrikanische Wildnis. Auf dieser Wochentour legen die Gäste entlang des Mupamadzi River täglich etwa zehn Kilometer zu Fuß zurück. Die Reiseleiter bauen jeden Abend ein Full-Service-Camp auf. Man läuft entspannt und in Begleitung von erfahrenen Guides durch die Natur, auf der Suche nach Elefanten, Leoparden, Büffeln, seltenen Vögeln und Giraffen.

Gut zu wissen: Mahlzeiten (und Weine) werden auf tragbaren Esstischen mit Tischdecken serviert. Gäste schlafen in Betten mit Bettwäsche in begehbaren Zelten, die von Laternen und vom Mond erhellt werden. Das Ganze ist luxuriös, trotz fehlender Technik und Privatduschen. Die Dusche befindet sich unter einem Baum. Die Toilette (bitte nicht wundern) ist ein Buschklo mit Holzthron.

robinpopesafaris.net
+265 09 99 97 00 02

TEIL IV

Weltbeste Reiseziele für Foodies

Nach Herzenslust
schlemmen

Wenn du wegen des Essens reist, bist du nicht allein. Willkommen im glücklichen Club der Traveller, die das Abendessen planen, wenn wir noch beim Lunch sitzen, die dafür gern vier Stunden fahren und sogar eine ganze Reise darum herum gestalten.

Für uns bei Fathom müssen die besten kulinarischen Zufluchtsorte der Welt mehr bieten als unglaubliche Hotels mit noch besseren Restaurants. Wir wollen unvergessliche kulinarische Höhepunkte. Reiseerfahrungen, bei denen Gäste das Leben von gastronomischen Selbstversorgern miterleben, bei denen sie sich einquartieren, auf Farmen oder Weinbaubetrieben mitanpacken oder selbst zusehen können, wie die spektakulären Speisen auf ihre Teller kommen. Sie können Zutaten in der Wildnis sammeln, Wein probieren, kochen lernen sowie Snacks vom anderen Stern verkosten. Und dort überrascht es nicht, wenn Köche mit weißer Mütze in letzter Minute Gemüse für das Abendessen ernten.

Solche Gourmet-Fluchtorte sind weltweit Pilgerstätten für Menschen, denen Essen wirklich wichtig ist – und denen ein zufriedener Gaumen sehr viel bedeutet. Manche dieser illustren kulinarischen Erlebnisse kosten viel Geld, andere bieten Teures wie Günstiges, und manche sind erfreulich erschwinglich. Alle werden dich jedenfalls hungrig machen, aber auch satt und zufrieden wieder weiterziehen lassen.

Linke Seite: das Lime Wood Hotel in Lyndhurst, England; diese Seite, oben: Äpfel der SingleThread Farm in Healdsburg, Kalifornien; diese Seite, unten: das Jackalope Hotel auf der Mornington-Halbinsel vor Melbourne, Australien

Rechte Seite: die kühne, moderne Architektur des Jackalope; diese Seite, oben: das Restaurant im SingleThread; diese Seite, unten: Essen von Hartnett Holder & Co in Lime Wood

SINGLETHREAD
Healdsburg, Kalifornien, USA

Das lieben wir: Am Schnittpunkt von Russian River, Dry Creek und Alexander Valley – drei von Sonoma Countys Hauptweingebieten – liegt Healdsburg, Heimat einiger der besten Weine und Küchen Nordkaliforniens. Ganz oben auf der Liste steht das SingleThread: Farm, Herberge und Drei-Sterne-Restaurant. Hier leben Kyle Connaughton und seine Frau Katina einen neuen, saisonalen Küchenstil mit selbst erzeugten Produkten. Das Elf-Gänge-Menü beginnt mit einer tollen Auswahl an Amuse-Bouches und wechselt nicht nur durch die vier Hauptjahreszeiten, sondern auch durch die 72 Mikro-Jahreszeiten des traditionellen japanischen Anbaukalenders. So kommen die Produkte, die man auf der Zwei-Hektar-Farm und dem grünen Dach des Restaurants erzeugt, nur topfrisch auf den Tisch. Alle anderen Gänge, serviert in direktimportierter Keramik einer generationenalten japanischen Töpferei, sind genauso spektakulär, wie es dieser Grad an Präzision, Genialität und Hingabe erwarten lässt. Gäste, die in einem der fünf Gästezimmer übernachten, erleben japanische Gastfreundschaft, »Omotenashi«, vom Feinsten.
Spezialität des Hauses: alles, was (Mikro-)Saison hat.

singlethreadfarms.com
+1 70 77 23 46 46
Abendessen ab 17.30 Uhr, am Wochenende Mittagessen ab 11.30 Uhr

LIME WOOD
Lyndhurst, England

Das lieben wir: Zwei Stunden außerhalb Londons, mitten im früheren königlichen Jagdgrund und heutigen Nationalpark New Forest, liegt Lime Wood. Das Resort, eine ehemalige Lodge aus dem 13. Jahrhundert, ist der Traum eines jeden Städters, der sich nach einem Rückzugsort sehnt. Das Restaurant des Anwesens, Hartnett Holder & Co, wird von zwei der besten Küchenchefs Londons, Angela Hartnett und Luke Holder, geführt. Die Speisekarte bietet eine schlichte, aber edle britisch-italienische Küche mit regionalen Zutaten. Die Kochschule HH&Co Backstage soll aufstrebenden Köchen die Kunst des Homestyle-Cooking vermitteln.
Spezialität des Hauses: Die Füllungen der Pastasorte Agnolotti wechseln jahreszeitlich und präsentieren die besten Zutaten der Umgebung – Perlhuhn, Kalb, Artischocken und Burrata.

limewoodhotel.co.uk
Beaulieu Road
+44 23 80 28 71 77
12.00–14.30 Uhr, 18.00–22.00 Uhr

JACKALOPE HOTEL
Merricks North, Victoria, Australien

Das lieben wir: Mit seiner Lage im Herzen des Weinbau-
gebiets auf der Mornington-Halbinsel, eine Stunde südlich
von Melbourne, ist dieses 45-Zimmer-Luxushotel eine echte
Food- und Design-Destination. Man braucht nur in die zum
Ozean gelegenen Weingärten blicken, in die Cocktailbar mit
Rick-Owens-Möbeln in einer alten Scheune oder auf die
sieben Meter hohe Fabeltiersculptur vor der Tür und man
weiß ungefähr, warum. Es gibt zwei Restaurants, welche die
hier erzeugten Farmprodukte verarbeiten und mehrgängige
Degustationsmenüs anbieten sowie gastronomische Exkur-
sionen wie die Trüffelsuche mit einer Expertin und ihrem
Hund, die in einem Pilzfestessen mit passendem Wein gipfelt.
Spezialität des Hauses: Das ständig wechselnde Fünf-Gänge-
Probiermenü im Doot Doot Doot ist ein Publikumshit. Es
kombiniert raffiniert zubereitete Produkte der Halbinsel mit
Weinen aus kleinen Betrieben (unter elf Hektar).

jackalopehotels.com
166 Balnarring Road
+61 359 31 25 00
Sonntag bis Dienstag Abendessen ab 18.30 Uhr, Freitag / Sonntag
ab 18.00 Uhr, Samstag / Sonntag Mittagessen 12.30–14.00 Uhr

REISETIPPS FÜRS LEBEN NR. 4

Dieses Essen lohnt die Reise

Köstliche regionale Te-Matuku-Austern satt.
The Oyster Inn, Waiheke Island, Neuseeland
theoysterinn.co.nz

Russische Pfannkuchen in Ahornsirup.
Arthurs Nosh Bar, Montreal, Kanada
arthursmtl.com

Göttliches Porchetta-Sandwich mit knusprigem Ciriola-Brot.
Er Buchetto, Rom, Italien
Via del Viminale, 2F
+39 32 99 65 21 75

Hibiskusblüten (oder Aprikosen, Paprika usw.) mit Käsefüllung.
Yom Tov Delicatessen,
Tel Aviv, Israel
Levinsky 43
+972 546 82 20 20

Kohlsalat mit Meeresgemüse, Avocado, Teriyaki-Mandeln und Tahini-Dressing.
Cafe Gratitude, Los Angeles, Kalifornien, USA
cafegratitude.com

Cao làu mit Nudeln, Schweinefleisch und regionalem Grüngemüse.
Miss Ly Cafe, Hoi An, Vietnam
22 Nguyen Hue Street
+84 23 53 86 16 03

Handgemachte Tagliatelle in Schwarzer-Trüffel-Sauce.
Del Ponte, Scheggino, Italien
hoteldelpontescatolini.it

Schottische Eier, besser als bei Oma.
The Hind's Head, Bray, England
hindsheadbray.com

Sandwich mit gartenfrischen Tomaten und Spargel.
São Lourenço do Barrocal, Monsaraz, Portugal
barrocal.pt

Fish and Chips (Kabeljau, Tempura-Teig und hausgemachte Sauce tartare).
Fishy Fishy, Kinsale, Irland
fishyfishy.ie

Herbes Zitronengrassoufflé in der Zitronenhälfte.
Cafe Grey Deluxe, Hongkong
upperhouse.com

Schokoladenfreie (!) Mole poblano aus 12 Zutaten.
Augurio, Puebla, Mexiko
augurio.mx

Austern, im Backofen gegart.
Cochon, New Orleans, Louisiana, USA
cochonrestaurant.com

Spaghetti alle vongole macchiato.
Lo Scoglio da Tommaso, Amalfiküste, Italien
hotelloscoglio.com

Falafel-Sandwich, herrliche Kleckerei.
L'As du Fallafel
32–34 Rue des Rosiers, Paris, Frankreich
+33 1 48 87 63 60

Vollmundig-würziges Trahana (Porridge in Lammbrühe), nach einer durchzechten Nacht.
Mitos, Athen, Griechenland
62 Aristeidou Street

Fluffige, mit Maismehl bestäubte englische Muffins.
Model Bakery, Napa, Kalifornien, USA
themodelbakery.com

Auberginen-Mezze, mit Labneh und Chimichurri-Sauce.
Yudale, Jerusalem, Israel
Beit Ya'akov Street 11
+972 25 33 34 42

Garnelen in Zitronenbutter, mit Reis und karamellisiertem Knoblauch.
Giovanni's Shrimp Truck, Kahuku, Oahu, Hawaii, USA
giovannisshrimptruck.com

Baguette mit italienischer Salami, Rindfleisch und eingelegtem Gemüse.
Johnnie's Beef, Elmwood Park, Illinois, USA
500 W North Avenue
+1 70 84 52 60 00

Dan Tat, die klassische Eiercreme-Tarte.
Tai Cheong Bakery, Hongkong
taoheung.com.hk

Muschelsuppe in der Sauerteig-Brotschüssel, am Kai gegessen.
Tognazzini, San Luis Obispo, Kalifornien, USA
morrobaydockside.com

Extrapikante, pfeffrige Pasta alla gricia (mit reichlich Schweinefleisch und Pecorino).
La Tavernaccia, Rom, Italien
latavernacciaroma.com

Der berühmte Brioche-Toast mit hausgemachtem Ricotta und Konfitüre der Saison.
Sqirl, Los Angeles, Kalifornien, USA
sqirlla.com

Kunstvolles japanisches Frühstück in der Bentō-Box.
Aman Tokyo, Tokio, Japan
aman.com

Mariniertes Grillhuhn und Schweinefleisch mit Haussauce, zum Fingerlecken.
Scotchies, Falmouth Road, Montego Bay, Jamaika
+1 87 69 53 80 41

Authentischer Tomato-Pie »Jersey-Style«.
Delorenzo's, Robbinsville, New Jersey, USA
delorenzostomatopies.com

Luftiges Käsesoufflé, danach Schokoladensoufflé.
L'Auberge Bressane, Paris, Frankreich
auberge-bressane.com

ÜBRIGENS: Wir sind nicht nur, was wir essen, sondern auch, wie wir essen. In Japan verlangt die Etikette, dass man mit den Stäbchen kein Essen weiterreicht oder aufspießt. Und man sollte niemals Stäbchen abschlecken.

GARZÓN EL HOTEL
Garzón, Uruguay

Das lieben wir: Der weltberühmte argentinische Küchenchef Francis Mallmann – ebenso für sein Imperium rund um Open-Air-Grillen über Holzkohle wie für seine exzentrische kulinarische Persönlichkeit bekannt – beschloss, in diesem abgelegenen Provinzdorf in Uruguay ein Hotel und Restaurant zu eröffnen. Wie jedes seiner Unternehmungen hat es Hitze in sich. Gerichte wie »Brot über Kohle« oder »Verbranntes Obst« zeichnen sich durch seine Kochtechnik aus, in der Feuer die stärksten und natürlichsten Aromen jeder Zutat herausarbeitet. Alle Öfen werden mit Holz befeuert. Das Hotel, ehemals Garzóns Gemischtwarenladen, ähnelt einem idyllischen, kleinstädtischen Landsitz. Und ja, jedes Zimmer hat einen eigenen offenen Kamin. **Spezialität des Hauses:** Ribeye-Steak mit Chimichurri, Domino-Kartoffeln und Tomate vom Grill. Das hier ist schließlich Cowboy-Land.

restaurantegarzon.com
Costa José Ignacio
+598 44 10 28 09
9.00–23.00 Uhr

FÄVIKEN
Jämtland, Schweden

Das lieben wir: Der schwedische Küchenchef Magnus Nilsson und sein engagiertes Team gärtnern, jagen und sammeln auf über 8000 Hektar Farmland und Wildnis, 750 Kilometer nördlich von Stockholm. Dann arbeiten sie hart, um alles (außer Salz und Zucker) für die Menüs, die man zwei Dutzend Gästen in einer alten Scheune serviert (32 grandiose Gänge), zu konservieren, einzulegen und zuzubereiten. Die Gäste wiederum müssen sich in dieses Hinterland schleppen, wo sie die Kälte des Nordens wegsaunieren und eine Mahlzeit erhalten, die sie wieder erdet. Es gibt fünf einfache Räume – Böden, Wände und Decke aus Holzbohlen, dekoriert mit Wildfellen und Sträußen aus Fichtenzweigen und getrockneten Wildblumen. Nach dem Essen kann man sich in einem Tipi mit loderndem Feuer auf einen Nachttrunk treffen und sich über das bevorstehende unglaubliche Frühstück unterhalten. **Spezialität des Hauses:** Nilsson beschreibt häufig die »einfache Komplexität und Köstlichkeit« lokal geernteter Jakobsmuscheln, die in der Schale über Wacholder und Birkenkohle gegart und serviert werden.

favikenmagasinet.se
Fäviken 216
+46 064 74 01 77

Diese Seite: in der Küche von Magnus Nilsson auf Fäviken; nächste Seite: wunderschön arrangiertes Gericht im Babylonstoren

BABYLONSTOREN
Franschhoek, Südafrika

Das lieben wir: Eine Stunde außerhalb Kapstadts, im Weintal von Franschhoek gelegen, ist diese Farm eines der ältesten und am besten erhaltenen Beispiele kapholländischen Farmlands. In ihrem 3,5 Hektar großen Garten wächst alles, von Waterblommetjies – essbaren Blüten – bis zu Kaktusfeigen. Die Erträge werden in drei Restaurants serviert: Babel, Greenhouse und Bakery, welche die Mentalität »ernten, säubern und servieren« der Farm spiegeln. Der Garten ist monatlich Schauplatz verschiedener Mitmach-Workshops. Alternativ können Gäste den Weinkeller des Anwesens besuchen und einen Tag im Probierzimmer verbringen. Die Suiten und Cottages neben dem Garten wirken wie Teile eines eleganten Landhauses.

Spezialität des Hauses: der täglich frisch im Garten gepflückte grüne, rote oder gelbe Salat aus verschiedenen Früchten und Gemüsesorten (nach Farben arrangiert).

babylonstoren.com
Klapmuts Simondium Road
+27 218 63 38 52
Montag bis Sonntag Frühstück 8.00–9.30 Uhr, Abendessen ab 19.00 Uhr, Mittwoch bis Sonntag Mittagessen ab 12.00 Uhr

Rechte Seite: Gartenarbeit im Le Manoir; diese Seite, oben links: köstliches Gericht des Restaurants; diese Seite, oben rechts: Block auf Monachyle Mhor; diese Seite, unten links: idyllische schottische Lochs; diese Seite, unten rechts: wilde schottische Landschaft

MONACHYLE MHOR
Loch Lomond and The Trossachs National Park, Schottland

Das lieben wir: Das quietschrosa 16-Zimmer-Farmhaushotel der Lewis-Familie liegt an den hübschen Ufern der Lochs Voil und Doine und ist in zwei Stunden Fahrt von Edinburgh leicht erreichbar. Das Restaurant auf der Farm, geführt von Küchenchef und Philosoph Tom Lewis, ist überragend – Haute Cuisine in gemütlicher Umgebung. Vor dem Essen ist aber noch viel zu bestaunen, schließlich gibt es hier Seen voller Fische, Destillerien voll Single-Malt-Whisky und eine über 800 Hektar große, nachhaltig geführte Farm voller Tiere. In zwanglosen Kochkursen können Gäste bei einem Gläschen kochen, auslösen und filetieren lernen. Zu dem Reich gehören das Motel-Restaurant Mhor 84 und die lässige Boutique Mhore in Store. In Callander liegen Mhore Bread, die 100 Jahre alte Sauerbrotbäckerei (man verbackt nur in Schottland vermahlenes Korn) und Mhor Fish, der Fish-and-Chips-Laden, in dem die Kartoffeln in Rinderfett frittiert werden.

Spezialität des Hauses: Hirsch, in guter Butter gegart, Pfifferlinge und allerlei Grünes aus dem Garten.

monachylemhor.net
Balquhidder
+44 18 77 38 46 22
12.00–14.00 Uhr, 18.45–21.00 Uhr

BELMOND LE MANOIR AUX QUAT'SAISONS
Oxfordshire, England

Das lieben wir: Le Manoir, seit Neuestem ein Belmond-Besitz, bietet eine originäre Selbsterzeugererfahrung: Es stand bei Nah-Essern bereits ganz oben auf der Liste, bevor »Locavore« zum Modewort wurde, und hält seit 30 Jahren seine Michelin-Sterne. Unweit von London gelegen, ist es ein globaler Garten Eden mit französischem Küchenchef und französischer Speisekarte, einem japanischen Garten, einem britischen Krocketfeld und verwöhnten Gästen, die sich mit Mutter Erde verbunden fühlen. Die 32 Zimmer des Hotels sind so luxuriös wie gemütlich; die Gerichte edel und frisch. In Halb- und Ganztagskochkursen können Groß und Klein einiges lernen (Sommer-Dinnerparty, Patisserie, Küchengeheimnisse).
Spezialität des Hauses: alles aus dem ein Hektar großen Garten mit über 90 Gemüsesorten, mehr als 70 Kräuterarten, 20 verschiedenen Pilzsorten sowie aus dem Obstgarten mit Äpfeln, Birnen und Quitten.

belmond.com
Church Road
+44 18 44 27 88 81
Abendessen 18.30–21.30 Uhr, Mittagessen
Dienstag bis Sonntag 11.45–14.15 Uhr

Das bestellst du in den Bars der Welt, …

… um dich morgens, mittags und abends als Einheimischer zu fühlen.

Italien: Cappuccino, Aperol Spritz, Negroni

Marokko: Orangensaft, Mandelmilch (mit Orangenblütenwasser), Minztee

Jamaika: Hibiskustee, Ingwerlimonade, Rum

Argentinien: Café con leche, Mate-Tee, Malbec

England: Schwarzer Tee, Bier (1 Pint), Gin Tonic

Japan: Gerstentee, Matcha, Sake

Indien: Chai, Lassi (Joghurtdrink mit Gewürzen), Ingwerlimonade

Frankreich: Café au lait, Wein, Champagner

Brasilien: Pingado (warme Milch mit Kaffee), Vitaminas (Frucht-Smoothies), Caipirinha

Australien: Flat White, Espresso Martini, Shiraz

Vietnam: Kokoswasser, Zuckerrohrsaft, Bia Ho'i (vietnamesisches Bier)

INN AT SERENBE
Chattahoochee Hills, Georgia, USA

Das lieben wir: Dieses 27-Zimmer-Hotel mit sechs Gebäuden und einer zehn Hektar großen Biofarm liegt ausgebreitet auf 24 Hektar in Serenbe, einer relativ neuen, progressiven und nachhaltig wirtschaftenden Community am Rande von Atlanta. Locavoren (Nah-Esser) lieben das charmante und erschwingliche Gefühl von Landidylle, das sie vermittelt. Der Fokus liegt auf regionaler Küche aus den Bioprodukten des Restaurantgartens und der Farm. Genießen kann man diese beim Nachmittagskaffee, in den Desserts am Abend und dem üppigen Frühstück (alles im Übernachtungspreis mit inbegriffen). Küchenchef Brian Moll lebt in der Nachbarschaft und nutzt den Weg zur Arbeit im viel gerühmten Restaurant »The Farmhouse« angeblich zum Pilze- und Wildbeerensammeln.
Spezialität des Hauses: Wir sind im Süden der USA. Farmhouse Fried Chicken, den Carolina Goldreis-Risotto und den Bourbon-Pekannuss-Pie solltest du also unbedingt probieren.

serenbeinn.com
10950 Hutcheson Ferry Road
+1 77 04 63 26 10
Samstag / Sonntag Mittagessen 11.30–15.00 Uhr; Mittwoch bis Sonntag Abendessen 17.00–21.00 Uhr

ÜBRIGENS: Die Geschichte des Weinanbaus ist zwar größtenteils gut dokumentiert, doch gab es keinen wirklichen oder guten Grund dafür, Magnumflaschen nach den biblischen Königen Jeroboam, Rehoboam, Nebukadnezar und Balthazar zu benennen.

Linke Seite: Obstblüte in Serenbe; diese Seite, oben links: das Speisezimmer; diese Seite, oben rechts: Fried Chicken in Serenbe

Shoppen wie Einheimische

Auf den besten Märkten weltweit ist das Einkaufen ein Fest.

	Berühmt für	Favorit der Einheimischen
London	Borough Market	Maltby Street Market
New York City	Union Square Greenmarket	Grand Army Plaza Greenmarket
Barcelona	La Boqueria	Mercado de Santa Caterina
Paris	Marché Bastille	Marché des Enfants Rouges
Seoul	Noryangjin-Fischmarkt	Markt in Garak
Los Angeles	Santa Monica Farmers' Market	Hollywood Farmers' Market
Rom	Campo de' Fiori	Nuovo Mercato di Testaccio
Seattle	Pike Place Market	Ballard Farmers' Market
Bangkok	Markt von Khlong Toei	Bang Phli Floating Market
Toronto	St. Lawrence	Leslieville Farmers' Market
Istanbul	Gewürzbasar	Biomarkt in Feriköy

DON ALFONSO 1890
Sant'Agata sui Due Golfi, Italien

Das lieben wir: Italiener tun sich vor allem mit zwei Dingen hervor: mit gutem Geschmack und herzlicher Gastfreundschaft. Die Laccarino-Familie ist in beidem Spitze. Ihr traumhaftes Anwesen liegt in einer Hügelstadt an der Amalfiküste und überblickt die Buchten von Neapel und Salerno. Die Hotelzimmer tragen Kräuternamen; der Weinkeller geht auf die Etrusker zurück. Malerischer ist allein der Gemüsegarten auf einer nahe gelegenen Klippe mit Postkartenausblicken auf Capri. Dorthin muss man allerdings gefahren werden – sonst findet man den Garten nie. Auch ein Kochkurs ist zu empfehlen, denn niemand sollte von hier abreisen, ohne Pizza napoletana machen zu können.

Spezialität des Hauses: Innovativ zubereitet und mit umwerfender Präsentation werden Gerichte wie Calamari fritti und Zabaglione zu neuen Höhen geführt.

donalfonso.com
Corso Sant'Agata, 11
+39 08 18 78 00 26
3. November bis 31. März saisonmäßig geschlossen.
Die Öffnungszeiten stehen auf der Website.

WANÅS RESTAURANT HOTEL
Knislinge, Schweden

Das lieben wir: Das beeindruckende Schloss aus dem 15. Jahrhundert und sein Skulpturenpark waren lange Zeit ein Ziel für Kunstkenner. Heute hat es mit dem neuen nordischen Restaurant mit eigener Farm und einem Biohotel mit elf Zimmern auch in der Gourmetwelt einen Namen. Eine Tagesreise von Malmö und Kopenhagen entfernt, verbindet dich die ländliche Idylle mit der Natur – in Scheunen voll mit Kunst, auf der weitläufigen Farm und am Gemeinschaftstisch.

Spezialität des Hauses: Pilze, Beeren und Blüten, wild gesammelt im umliegenden Birkenwald, Rindertatar von den Wanås-Kühen und Softeis aus der Milch des Bio-Milchviehbetriebs, einem der größten Europas.

wanasrh.se
Hässleholmsvägen, 289 90 Knislinge
+46 442 53 15 81
10.00–19.00 Uhr, Abendessen nur mit Reservierung

Linke Seite: Abendessen bei Don Alfonso 1890 an der Amalfiküste; diese Seite, oben: Speisezimmer im Wanås, Schweden; diese Seite, Mitte: das Don Alfonso, Blick vom Pool; diese Seite, unten: Gebäude des Wanås im Bauernhofstil

BLACKBERRY FARM
Walland, Tennessee, USA

Das lieben wir: Wunderschöne Zimmer, großartiger Spa-Bereich, atemberaubende Great-Smoky-Mountains-Szenerie, fantastische Edelküche (vom Feld auf den Tisch), regelmäßig Spitzen-Gastköche und haufenweise Verkostungen (Wein und Whiskey). Blackberry ist die einzige US-Farm, in der man italienische Trüffelhunde unter den Eichen und Celebrity-Köchin Alice Waters im Garten treffen kann. Der Retreat ist für seine lukullischen Workshops, Kochvorführungen und Weinevents bekannt sowie für die Farmstead Field School, auf der z. B. Kurse bei Gärtnermeistern warten. (Von Blackberry Mountain, dem neuen Anwesen, erwarten wir uns sogar noch mehr!)
Spezialität des Hauses: Fast alles – von Käse, Fleisch, Bier bis zu Pilzen, Brombeeren und dem dortigen Bärlauch – kommt aus eigener Ernte oder Produktion. Eine Ausnahme ist der Speck, den Nachbar Allan Benton besorgt, bester Lieferant des Südens für handwerklich Gefertigtes.

blackberryfarm.com
1471 West Millers Cove Road
+1 86 59 84 81 66
Mittagessen 12.00–14.30 Uhr, Abendessen nur mit Reservierung

THE WILLOWS INN
Lummi Island, Washington State, USA

Das lieben wir: Wenn du eine kulinarische Erfahrung suchst, für die es sich lohnt, ans Ende der Welt (oder zumindest ans Ende von Festland-USA) zu reisen, solltest du dieses abgelegene, 26 Quadratkilometer große Inselchen vor der Küste Washingtons wählen. Hier kreiert Blaine Wetzel, Gewinner des James Beard Award und Noma-Schüler, ein Fine-Dining-Erlebnis aus Wildprodukten. Wetzel, ein Kind Washingtons, verwendet nur regionale Zutaten der Insel, was seine Speisekarte fest im Terroir verwurzelt. Die Gerichte mögen sich einfach anhören, sind aber in puncto Frische, Zubereitung und Präsentation überragend. Buche ein gemütliches Zimmer im Haupthaus oder miete eines der geräumigen Gästehäuser, von denen einige direkt am Strand stehen.
Spezialität des Hauses: Das 22-Gänge-Degustationsmenü wechselt jahreszeitlich. Highlights: geröstete Grünkohlblätter, Kräuter-Tostada, die Ceviche aus Spot Prawns mit Rhabarber.

willows-inn.com
2579 W Shore Drive
+1 88 82 94 26 20

Rechte Seite: im Weingarten von Vik Chile: diese Seite, oben: frisch aus dem Garten; diese Seite, Mitte: Stühle mit Blick auf die Blackberry Farm; diese Seite, unten: Cocktails in The Willows Inn

VIK CHILE
Millahue Valley, Chile

Das lieben wir: In Alex und Carrie Viks abgeschiedenem Luxushotel, einem Traum für Weinliebhaber, kreist alles um den knapp 4500 Hektar großen Weingarten, der einige der besten Weine des Landes liefert. Genieße eines der 22 licht-durchfluteten Zimmer, den frei schwebenden Pool mit seinem Ausblick oder den Spa-Bereich mit Anwendungen aus Zutaten der Gegend. Miete einen der wunderbaren Huasos (Cowboys) für eine maßgeschneiderte Tour durch die Weingärten oder lass es dir beim Barbecue zwischen den Reben gut gehen. Kombiniere die Hausweine mit lukullischen Leckereien im modern designten Restaurant Milla Milla. Die einheimische Crew serviert allerfeinste Rohzutaten – Feigen, Tomaten, Salz der 400 Jahre alten Salzfarm Los Cisnes vor Ort.

Spezialität des Hauses: auf Niedrigtemperatur gegarte Lamm-keulen, chilenischer Aal; Wildschwein vom Grill in unkompli-zierter, familiärer Umgebung.

vikchile.com
+569 56 68 48 53

Frischer Fisch auf dem Grill des The Willows Inn

Unsere Lieblings-markthallen

Wir lieben Markthallen, deren Kioske und Theken, Restaurants und Händler die kulinarische Szene vor Ort beschreiben. Egal, ob sie durchgestylt oder eher einfach, altmodisch oder trendy sind: Ein Besuch lohnt sich, besonders wenn deine Reisezeit knapp ist. Besuche sie hungrig und erforsche sie häppchen- und happenweise. Souvenirs nicht vergessen!

El Nacional, Barcelona, Spanien
elnacionalbcn.com

Grand Central Market,
Los Angeles, Kalifornien, USA
grandcentralmarket.com

Market on Main,
Johannesburg, Südafrika
marketonmain.co.za

Markthalle Neun,
Berlin, Deutschland
markthalleneun.de

Foodhallen,
Amsterdam, Niederlande
foodhallen.nl

St. Roch Market,
New Orleans, Louisiana, USA
strochmarket.com

Old Airport Road Food Centre,
51 Old Airport Road,
Singapur

Smorgasburg,
New York City, New York, USA
smorgasburg.com

Östermalms Saluhall,
Stockholm, Schweden
ostermalmshallen.se

Isetan, Tokio, Japan
isetan.mistore.jp

TENKU NO MORI
Kyushu, Japan

Das lieben wir: »Wald im Himmel« übersetzt sich der Name dieses wunderbar abgeschiedenen Platzes für Gäste, die keine Kosten scheuen. Fünf Villen liegen in einem riesigen, 60 Hektar großen Gelände in einem Bergwald am südwestlichsten Ende der japanischen Insel Kyushu. Jedes Gebäude hat raumhohe Fenster, freigelegte Balken sowie große Holzveranden mit warmen Quellen und Freiluftpools mit Panoramablick. Man genießt eisgekühlten Champagner, auf einer Baumschaukel schwingend, oder erkundet die am Hang gelegene Farm des Ryokans, die fast alles produziert, was vor Ort verspeist wird, einschließlich etwa 30 Gemüsesorten. Das Essen ist nicht traditionell Kaiseki (mehrgängig und aus verschiedenen Küchenstilen), sondern ganz von der Natur inspiriert. Die Mahlzeiten, auf dem Zimmer oder im Freien serviert, sind im Preis inbegriffen. Tagesausflügler können Wellnessbehandlungen und Gourmetpicknicks auf dem Gelände buchen und sich in der nahe gelegenen rustikalen, aber entzückenden Gajoen-Lodge der Familie einmieten.

Spezialität des Hauses: die frei laufenden Hühner (berühmt für die Gegend); es gilt als Delikatesse, sie roh zu verzehren.

tenkunomori.net
899-6507 Kagoshima Prefecture
+81 995 76 07 77

Rechte Seite, oben: Leben im Cottage; rechte Seite, unten: die Küche des La Grenouillère; diese Seite: Kirschblüte in Japan

LA GRENOUILLÈRE
Nord-Pas-de-Calais, Frankreich

Das lieben wir: Der junge Alexandre Gauthier übernahm das Gasthaus seiner Familie aus dem 19. Jahrhundert, verpasste ihm ein paar theatralische Details und erhob das Abendessen zum Hauptakt, was ihm zwei Michelin-Sterne einbrachte. Zwei schnittige Anbauten des Architekten Patrick Bouchain neben den historischen Gebäuden geben dem Besitz eine Ästhetik fern des Gewöhnlichen. Der Speisesaal bietet einen Blick ins wilde Grün, und obwohl die Teller akribisch pur angerichtet sind – wie Opfergaben mit Fundstücken aus der Wildnis –, darf man nichts weniger als vielgängige Menüs von elementarer Kreativität erwarten. Alles wird regional erzeugt (gejagt, gesammelt, angebaut) und kann mit über 500 verschiedenen französischen Weinen kombiniert werden. Frühstück kommt auf die Zimmer, die in verschiedenen zeitgenössischen Stilen eingerichtet sind. Sie liegen in dem edel-rustikalen Farmhaus oder in Cottages um das Hauptgebäude herum, mit Erkerfenstern, die über Gärten und Landschaft blicken lassen, Sitzecken, Holzöfen und Wannenbädern. Nimm dir Zeit für die ausgezeichneten Bauernmärkte und Lebensmittelgeschäfte und für ein Mittagessen in Gauthiers zwangloser Froggy's Tavern in Montreuil-sur-Mer, kurz hinter dem stylishen Badeort Le Touquet am Ärmelkanal. Die regelmäßig wechselnde Karte bietet Köstlichkeiten am Spieß. Insgesamt also ein bequemer Kurztrip von London oder Paris (und nur halb so teuer wie die besten Restaurants dieser Städte), der übers Wochenende etwas wildes Land verspricht.
Spezialität des Hauses: Zu den Köstlichkeiten im 40-Kilometer-Umkreis der Côte d'Opale zählen Kaisergranaten, Krebsblinis, Toffee, Tauben, fluffige Brioches und Wilderdbeeren mit Kerbel.

lagrenouillere.fr
19 Rue de la Grenouillère
+33 321 06 07 22
April bis Juni, September / Oktober: Mittagessen Freitag bis Sonntag, Abendessen Mittwoch bis Montag;
Juli / August: Mittagessen Mittwoch bis Sonntag, Abendessen täglich;
November bis März: Mittagessen Freitag bis Sonntag, Abendessen Donnerstag bis Montag

TEIL V

Dem Wohl-befinden auf der Spur

Wohlfühlplätze
der Welt

Hallo. Namaste. Zieh die Schuhe aus, trinke ein Glas Wasser, atme tief ein und wieder aus. Gut. Du kommst gerade noch rechtzeitig. Wellnessreisen sind auf dem Vormarsch, das fühlt sich richtig gut an.

Die Reiseindustrie hat sich unsere momentane geradezu manische Begeisterung für alles, was gesund erscheint – Sportkurse, Smoothies, Meditations-Apps, Chakra-Balance –, voll und ganz zu eigen gemacht. Es gibt schwimmende Fitnessstudios, Detox-Retreats, Bootcamp-Ferien, Personal Trainer und Laufprogramme in Hotels, um nur an der Oberfläche zu kratzen. Reisewünsche wie Paleo-Mahlzeiten und sulfatfreies Shampoo werden an vielen Destinationen weltweit mit Enthusiasmus aufgegriffen. Niemand zuckt mit der Wimper angesichts von Eiweiß-Smoothies auf der Zimmerservicekarte, Yogastunden auf dem Hoteldach oder Sterndeutung in der Lobby im Programmangebot.

Wir bei Fathom glauben nicht, dass Wellnessreisen für jeden das richtige Urlaubsmodell sind. Auch wenn wir davon überzeugt sind, dass Reisen allgemein alles heilen kann, was belastet. Nischen-Fitnessprogramme und Saftbars sind sinnvolle Annehmlichkeiten für die Gesundheit. Doch wir denken, dass fast jeder leichter atmet, wenn er nach erholsamem Schlaf in einer großartigen Landschaft erwacht.

Obwohl zu Wellnessangeboten auch Poolbars zählen, die Açaíbeeren servieren, gehören für uns eher alte Pfade, Baderituale im Wald, energiereiche Wasserstrudel, spirituelle Anlaufpunkte und (letztendlich) höhere Bewusstseinsebenen dazu.

Man könnte sein Leben damit verbringen, die Welt durch diese Linse zu studieren. Warum fängst du nicht gleich damit an, indem du ein gutes Verhältnis zu diesen Kultstätten aufbaust?

Linke Seite: Surfszene in Hermosa Beach, Kalifornien; diese Seite: dezenter Wink in den Straßen Amsterdams

KYOTO, JAPAN

Ein paar Tage in Japans spirituellem und kulturellem Zentrum sind das beste Mittel gegen das schnelle, unerbittliche Tempo des modernen Alltags. Kyoto ist historisches Dorf und Stadt zugleich: Reisende können hier ebenso flotte Geschäftsleute auf dem Fahrrad wie Gruppen von Touristen in Kimonos sehen – oder, wenn sie gut aufpassen, sogar echte Geishas.

Einer der beeindruckendsten Aspekte Kyotos sind seine rund 2000 Tempel und Schreine. Einer schöner als der andere, strahlen sie Ruhe aus, sobald man den Shinkansen, den japanischen Hochgeschwindigkeitszug, verlassen hat. Fushimi Inari-Taisha zum Beispiel, ein Shintō-Schrein am Fuße eines Berges, ist wunderbar für meditative Morgenwanderungen unter den 50 000 orangen Torii-Toren, welche die gewundenen Waldwege (inari.jp) säumen. Mit richtiger Planung und Erlaubnisschein wird bisweilen auch der Besuch des Zen-Buddhismus-Tempels Saihō-ji gestattet. Er ist für seinen atemberaubenden Moosgarten berühmt. Um einzutreten, müssen Besucher ein Gebet abmalen und mit japanischen Mönchen Stellen aus heiligen Schriften aufsagen.

Tenryū-ji Shigetsu, ein mit Tatami-Matten ausgelegtes Restaurant im Tenryū-ji-Tempel von Arashiyama, serviert edle Shojin Ryori (vegetarisches buddhistisches Essen) in entspannter Atmosphäre (tenryuji.com).

Warnung: Wer einmal in ein Onsen (heiße Quelle) eintaucht, wird Furo-holiker (Badesüchtiger).

SANTA FE, NEW MEXICO

Die älteste Hauptstadt der Vereinigten Staaten, eingebettet in ein Tal des Rio Grande, ist ein Dorf voller historischer Pueblos (Siedlungen der Pueblo-Indianer) und heiliger Ruinen. Seit Jahrhunderten kommen kreative und spirituelle Menschen sowie Heiler hierher. Vielleicht ist es die Höhenlage oder der strahlend blaue Himmel vor der majestätischen roten Felslandschaft oder der Weg für spirituelle Selbsterforschung. Santa Fe, so sagt man, sei ein Ort, dessen energetische Ausrichtung mystische und heilende Energien anzieht. Reisende aller Gesellschaftsschichten nehmen an den traditionellen Ritualen alternativer Heilkunst der Gegend teil.

Inspiriert von japanischen Bädern mit heißen Quellen, traditionellen Gärten und Holzgebälk, bietet das Ten Thousand Waves an den geheimnisvollen Sangre-de-Cristo-Bergen ein Wellnesserlebnis im Spirit von »Ost trifft West« (tenthousandwaves.com). Im Four Seasons Resort Rancho Encantado können Gäste bei der »Equus Experience« auf einzigartige Weise mit Pferden interagieren und so persönliche Einsichten gewinnen (equussantafe.com).

30 Meilen nördlich von Santa Fe liegt El Santuario de Chimayó. Es gilt als das Lourdes der USA, zu dem Menschen jeden Glaubens pilgern, auf der Suche nach Wunderheilungen für emotionale und körperliche Leiden (holychimayo.us).

Weiter entfernt trifft man im Rio Arriba County auf die verwunschene Ghost Ranch mit ihrer weiten, großartigen Szenerie aus roten Felsen und dramatischer Bergkette. Dort verbrachte die Malerin Georgia O'Keeffe kreative Sommer (ghost ranch.org). Da man hier nicht filmen oder fotografieren darf, kann man beim Spaziergang durch das Anwesen kleine Details, die Landschaft und das Lichtspiel auf sich wirken lassen.

Linke Seite: Tempel in Kyoto; diese Seite, oben: Wandern im Südwesten der USA; diese Seite, unten: ikonische Wüstenschädel

Heilige Talismane

Kreiere mit diesen Andenken zu Hause ein Ritual.

CBD-Öl aus Colorado / Kalifornien
Das hier schafft alles: Ein Fläschchen reines Cannabidiol-Öl aus der Hanfpflanze lindert Schmerzen, entspannt dich und verbessert deine Stimmung.

Tibetische Klangschale
Schalenglocken aus Bronze produzieren, mit einem Holzschlägel angerieben, beruhigende, hohe Töne, die durch den ganzen Körper vibrieren.

Räucherbündel aus Santa Fe
Ein mit Schnur umwickeltes Bündel Trockenkräuter vertreibt schlechte Energien aus Räumen.

Kieselerde aus der Blauen Lagune
Die Peelingwirkung des cremeweißen Schlamms aus dem Grund von Islands milchigblauen Meerwasserpools bringt Problemhaut auf Vordermann.

Sandelholzöl aus Mysore
Dieses indische Öl mit holzigem Geruch verhilft zu geistiger Klarheit und dient als Antiseptikum bei Wunden.

Maneki-neko – japanische Glückskatze
Schaffe einen dieser Glücksbringer aus dem Edo-Zeitalter für dich beiseite, für häusliches Glück und Erfolg im Geschäft.

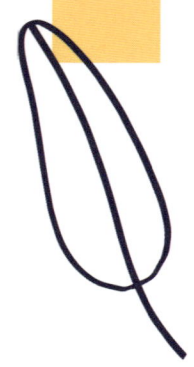

REISETIPPS FÜRS LEBEN NR. 6

Sechs Pilgerreisen, die dein Leben verändern könnten

Egal, ob du religiöse Antworten suchst, über das Leben nachdenkst oder Schritte zählst: Eine längere Wanderung auf alten Wegen vor einer malerischen Kulisse kann jeden modernen Reisenden nachhaltig inspirieren.

KUMANO KODŌ

Eine Reihe alter Pilgerwege führt durch Japans dicht bewaldete Kii-Halbinsel. Seit dem 10. Jahrhundert wurden die heiligen Pfade südlich von Osaka von Kaisern und Samurais begangen.
Boxenstopp: Verschnaufe am leuchtend orangen Tempel Seiganto-ji vor dem Hintergrund des 133 Meter hohen Nachi-Wasserfalls.

INKA-TRAIL

Folge den Spuren einer der smartesten Zivilisationen der Welt, indem du durch die majestätische Andenwelt bis zur alten Inkastadt Machu Picchu wanderst.
Fototermin: Lamas knipsen ist hier eine große Sache. Halte Ausschau nach den wundervoll seltsamen Kreaturen – deine Instagram-Follower werden es dir danken. Pass aber auf die Süßigkeiten im Rucksack auf: Lamas sind nicht scheu und lieben gestohlene Snacks.
incatrailperu.com

JAKOBSWEG

Seit mehr als einem Jahrtausend bereisen Pilger die 965 Kilometer lange Strecke durch Nordspanien. Je nach deinem Wandertempo kann diese Reise bis zu einem Monat dauern.
Straßenimbiss: Gönn dir im Café Iruña (cafeiruna. com) auf der Plaza del Castillo (Hemingways berühmter Aufenthaltsort während des Stierrennens von Pamplona) ein Sardellensandwich und Café con leche.
santiago-compostela.net

DER BERG KAILASH

Buddhisten und Hindus halten diesen Berg für einen der heiligsten Plätze der Welt. Die Wanderung um den heiligsten Gipfel Tibets herum ist eine der gefährlichsten und herausforderndsten Pilgerreisen, die es gibt.
Göttliches Ritual: Die totale Erleuchtung ist näher, als du denkst. Man sagt, 108 Umrundungen des Bergfußes reichten dafür aus.

ST. OLAVSWEG

Genieße Norwegens großartige Naturschauspiele – blaue Fjorde, nebelverhangene Täler, Elche –, bevor du König Olav im Nidarosdom von Trondheim Respekt zollst.
Pluspunkt: Ein Kraftakt von 172 zusätzlichen Stufen bringt dich auf den gotischen Turm. Hier hast du den besten Blick über die Stadt.
pilegrimsleden.no

VIA FRANCIGENA

Pilger wandern auf der alten Straße zwischen Canterbury und Rom, stoppen am Grab des Apostels Petrus und bunkern Kohlenhydrate mit leckerer Pasta.
Kaufbeleg: Pilger, die auf der Route gern Stempel sammeln, können einen Spezialpass bekommen. In Rom angekommen, beantragt man damit dann die Pilgerurkunde (das Testimonium).
viefrancigene.org

BALI, INDONESIEN

Diese magische indonesische Insel, oft »letztes Paradies auf Erden« genannt, wurde zum Zufluchtsort für die Surfer, Partymacher, Bohemiens und digitalen Nomaden dieser Welt. Die idyllische tropische Provinz wird umspült vom Indischen Ozean sowie von der Javasee und ist für ihre weißen Sandstrände, ihre sattgrünen Reisterrassen und die zerklüftete Küste bekannt. Der balinesische Hinduismus, eingebettet in einen gemächlichen Lebensrhythmus und in eine tiefspirituelle Praxis, durchdringt jeden Aspekt des Lebens – von den Tausenden von Tempeln bis zu den vielen kulturellen Festen.

Wer einen Hauch von 50er-Jahre-Design mitten im Dschungel schätzt, sollte sich im Katamama einquartieren, einem Boutique-Hotel mit vielen authentisch-regionalen Elementen (katamama.com). Das Resort wurde von einem indonesischen Architekten entworfen, der handgeschöpfte Ziegel im Stil der Inseltempel einsetzte.

Einen erholsamen Detox-Urlaub gibt es im Sukhavati Ayurvedic Retreat. Hier werden Geist, Körper und Seele mithilfe des 5000 Jahre alten Naturheilkundesystems wieder neu ausgerichtet (sukhavatibali.com).

Ein befreiendes Wochenende verspricht die kleine Insel Nusa Lembongan mit angelegten Pfaden durch buschige Wälder, mit Wildhühnern, blauem Meer, kleinen Buchten, Surfspots und reichlich Naturschönheit.

KERALA, INDIEN

Kerala bedient fast alle Entspannungsnischen: Es gibt tropische Strände, exotischen Dschungel und Yogis, die ihre Posen an den dortigen Ashrams perfektionieren. Der energievolle Staat, wegen seiner Attraktivität für Nichtasiaten oft als »Indien light« bezeichnet, zieht alle Arten von Reisenden an.

Kerala ist die Hochburg des Ayurveda. Versuche, eine entspannende Behandlung bei Dr. P. Sambhu zu bekommen, einem bekannten, charismatischen Arzt in dritter Generation, der seit fast 20 Jahren in Indien, Europa und Amerika praktiziert und heute im Ayushya Centre tätig ist (ayushya.com). Danach solltest du dir eine Portion Sadhya gönnen, ein traditionelles vegetarisches Gericht auf einem Bananenblatt mit Reis und vielen Beilagen.

Eine Kanufahrt durch die Kanäle des Altwassers, an dessen felsbefestigten Ufern die Menschen ihren Alltag leben – baden, Wäsche waschen und Zeit mit Familie und Freunden verbringen –, kann deine Perspektive auf das Leben verändern. Besonders schön ist das in Alappuzha.

Diese Seite, oben: Motorradtrip auf Bali; diese Seite, unten: bunte Gewürzpalette; nächste Seite: charakteristische Gebetsfahnen, Tibet

HOCHLAND VON TIBET

Das verborgene Juwel des Ostens ruft seit Jahrhunderten Mystiker, Mönche, Kirchenmenschen, Flüchtlinge und Gläubige zu sich. Das Hochland von Tibet, auch »Dach der Welt« genannt, ist ein einzigartiges Plateau auf über 4500 Metern über dem Meer, das den größten Teil von Tibet abdeckt sowie Teile Westchinas und Indiens. Massive Bergketten rahmen es ein, unter anderem die beiden höchsten Gipfel der Welt: Mount Everest und K2. Auf diesem heiligen Flecken, dessen »Kraftplätze« das umgebende Wasser, die Pflanzen, Steine und die Erde mit Energie tränken sollen, treffen schamanische, tantrische und buddhistische Einflüsse aufeinander.

20 Minuten außerhalb der berühmten tibetischen Mönchsstadt Labrang in China gibt es in üppiggrüner Hochlage eine Reihe stylisher Holzhütten und handgewebter Yakhaarzelte des Norden Camp (nordentravel.com). Hier warten Einkehr- und Besinnungstage: Yoga, Chakra-Heilung, Textilkurse sowie Höhentraining für Geist und Körper. Landschaft und Location sind bemerkenswert: Ein Tag, der mit Sonnenschein beginnt, kann mit Schneefall enden. (Die Gegend ist eine traditionelle Winterweidelandschaft nomadisierender Herden.) Die Autonome Region Tibet (TAR) gilt als ein Land von Mitgefühl und Freundlichkeit: perfekt für Kinder und die ganze Familie.

Wo heißes Wasser lockt

Die Pools von Mutter Natur sind eine schöne Sache.

EVASON MA'IN HOT SPRINGS
Madaba, Jordanien

Eine vierstündige Autofahrt von Ammans Queen Alia International Airport bringt dich zu diesem Resort und Wellnesshotel in einer spektakulären Berglandschaft, umgeben von Palmen, Heißwasserfällen und natürlichen Salzwasserpools. Die Anwendungen konzentrieren sich vor allem auf das mineralienreiche Wasser und Meersalztherapien. Besuche unbedingt die Höhlensauna, vielleicht vor einem Beduinenfestmahl auf der Terrasse mit den heißen Quellen. Ein Muss sind Ausflüge zum 20 Minuten entfernten Toten Meer. Die Nähe zu einigen der wichtigsten religiösen Stätten der Welt, wie dem Grab von Moses und dem Taufort von Jesus, verleihen dem Platz eindeutig Gewicht, trotz der Leichtigkeit im Wasser.

Sowayma, 17173, Ma'In
+1 86 65 99 66 74

ESALEN-INSTITUT
Big Sur, Kalifornien, USA

Dieser berühmte Hippietreffpunkt an der kalifornischen Küste ist ein gemeinnütziges Einkehr- sowie Gemeinschaftszentrum – und seit den 1960er-Jahren Anziehungspunkt, als Hunter S. Thompson hier durch die Wälder strich, Joan Baez in der Cafeteria Quinoagerichte servierte und *Mad-Men*-Protagonist Don Draper ewigen inneren Frieden fand. Auf dem weiten Gelände gibt es einfache Unterkünfte, Jurten zum Meditieren und Sitzecken für die Selbstbesinnung. Am berühmtesten ist jedoch das Freiluftbad auf einer Klippe über dem Pazifik, das Gäste rund um die Uhr nutzen können (Besucher von 13.00 bis 15.00 Uhr). Der einheimische Indianerstamm der Esselen nutzte es 6000 Jahre – wohl auch damals schon nach Belieben textilfrei.

esalen.org
55000 Highway 1
USA: 1 88 88 37 25 36;
international: +1 70 33 42 05 00

Linke Seite: Strandspaziergang; diese Seite, oben: sich im Toten Meer treiben lassen; diese Seite, unten: die Küste des Esalen-Instituts, Big Sur

7132 THERME
Vals, Schweiz

Für die Autofahrt von Zürich nach Vals muss man seine fünf
Sinne beisammenhaben: Es geht durch Bergtunnel und -stra-
ßen, vorbei an Schafswiesen und graswachsenen Steil-
hängen, von denen kleine Bergbäche herabfließen. Schließlich kommt man in Vals an, der Stadt der Karamellflans und
hölzernen Fensterläden mit Herzen. Noch ein paar Kurven,
und man erreicht das retro-futuristische Hotel in einem
historischen Alpental. Der Thermenbereich, der die natürliche
Quelle der Stadt nutzt, liegt unter der Lobby im siebten Stock.
Architekt Peter Zumthor, berühmt für seinen Minimalismus,
entwarf es als modernen Tempel der Wasserrituale. Nach
einem Tag auf der Skipiste wechseln die Besucher abends entspannt und in Stille vom Außen- zum Innenpool, vom Aroma-
therapiebad (mit zarten Blütenblättern) zur Soundgrotte sowie
zum Trinkstein und wieder zurück.

7132.com
+41 587 13 20 00
Mittwoch bis Sonntag 11.00–20.00 Uhr

RETREAT SPA AT BLUE LAGOON
Grindavík, Island

Fast jeder Reisende in Island besucht das nah dem Flughafen
gelegene berühmte Geothermiebad, das der Blue Lagoon einen
unseligen Ruf als Touristenfalle verschaffte. Das Retreat an der
Blauen Lagune, das erste und bisher einzige Hotel und Tages-
Spa dieser Art in Island, kreiert allerdings ein Badeerlebnis,
das die verloren gegangene Ruhe und Abgeschiedenheit dieses
Wahrzeichens wiederherstellt. Tages- und Hotelgäste können
die Blaue Lagune besuchen, haben aber auch Zutritt zu einem
abgetrennten Spa-Bereich, der aus derselben Quelle gespeist
wird. Hier trifft Vulkanerde auf nordische Luft, und es locken
eine Vielzahl von Wasseranwendungen, Peelingritualen sowie
unverfälschte Panoramen.

bluelagoon.com
Norðurljósavegur 11, 240 Grindavík
+354 420 88 00

Erde dich zwischen majestätischen
Küstenmammutbäumen

NEGOMBO
Ischia, Italien

Seit 700 v. Chr. kommen die Menschen wegen des heilenden Wassers und des mineralienreichen Vulkanschlamms nach Ischia, der Insel vor der Küste Neapels, die nicht Capri ist. »Negombo«, eine Anlage am Meer mit Strand, Gärten und hydrothermischen Anwendungen – heißen Bädern, Kneipp-güssen, Wasserfällen, Saunas und Dampfbädern –, ist eine der besseren Arten, die Insel zu genießen. Hier kann man den Tag mit Planschen im Überfluss verbringen. Der »Wasserpark« liegt auf einem Hügel und umfasst unzählige Pools, Höhlen, Grotten, Wassermassagen sowie andere Aquakreationen und Kunstinstallationen. Ruhe findet man in Hängematten und auf Sonnenliegen, Erfrischungen bieten frische Säfte im Café. Der Strand ist eine Privatbucht mit Loungesesseln und Schirmen. Es kann hier voll werden, was aber nie stört, da Platz genug ist. Behandlungen gibt es im Spa-Bereich, doch der Publi-kumshit ist das brütend heiße Hamam, in dem sich schlanke Italiener, auf einem gigantischen Marmorblock liegend, mit kühlendem Wasser übergießen lassen, während etwas Son-nenlicht durch kleine Durchlässe in der Decke hineinströmt.

negombo.it
Baia di San Montano, 80076 Lacco Ameno
+39 081 98 61 52
8.30–19.00 Uhr

WALDBADEN
Verschiedene Orte

Wer sich nicht gern nass macht, kann sich vielleicht für die ja-panische Praxis des Shinrin-Yoku begeistern: »Die Stimmung des Waldes in sich aufnehmen.« Es ist in jeder bewaldeten Umgebung möglich, ohne Wasserbedarf. Begib dich einfach unter das Blätterdach von Bäumen, nimm auf, was du siehst, hörst und riechst, verbinde dich mit dem Waldboden, indem du barfuß umherläufst (»Erdung« genannt), und sauge den körperlichen sowie psychologischen Nutzen des Ganzen in dir auf. Regelmäßige Ausflüge in den Wald lindern laut Studien Angst und Sorge, senken den Blutdruck, vertreiben Wut, ver-bessern den Schlaf, stärken die Abwehr, beschleunigen die Genesung und vertiefen sogar Beziehungen. Ein Guide kann dies intensivieren, indem er dir hilft, die Sinne zu öffnen, dei-ne Intuition zu schärfen und er dich durch die Fauna und Flora führt. Neben Japan (die Zypressenwälder der Kiso-Region in der Präfektur Gifu gelten als besonders schön) stehen Däne-mark (die Waldgebiete auf den Kreideklippen von Møns Klint) in unserer engeren Auswahl sowie Deutschland (der Schwarz-wald) und der pazifische Nordwesten der USA (die Redwood National and State Parks als Heimat der weltgrößten Bäume).

TEIL VI

Digitale Nomaden

Dein Auftritt von unterwegs

Wie lässt sich ein Routinearbeitsalltag vermeiden? Für viele ist das eine essenzielle Lebensfrage. Die Ära der Menschen, die Tag für Tag in eine Firma zur Arbeit gehen, ist passé. Wir leben in der Gig Economy – mit all ihren Vor- und Nachteilen.

Wir wollen uns beruflich möglichst sinnstiftend verwirklichen, was bedeuten könnte, auf Arbeitsplatzstabilität zu verzichten. Wir wollen eine gute Work-Life-Balance, was dem kapitalistischen Grundgedanken (mehr Arbeit ist immer besser) widerspricht. Die Arbeitswelt ist im Umbruch, der klassische Achtstundentag Schnee von gestern. Damit ändert sich auch unsere Denkweise über Arbeit, bis hin zur wesentlichen Frage, nämlich der, wo wir arbeiten. Wenn du mit deiner beruflichen Tätigkeit nicht ortsgebunden bist, spielt es dann eine Rolle, wo du deine Projekte oder Aufträge erledigst, solange das Ergebnis stimmt? Wahrscheinlich nicht.

Daraus ergibt sich die Möglichkeit, in einer anderen – spannenderen – Umgebung zu arbeiten. Wie wäre es beispielsweise mit einem Strand auf Bali, einem Café in Paris oder einer gemütlichen Kabine an Bord eines Schiffes, das über den Atlantik schippert? Stell dir vor, du verdienst deinen Lebensunterhalt und entdeckst gleichzeitig neue Orte und Kulturen. Ein digitaler Nomade zu werden – der ultimative Traum modernen Reisens.

Seit es Reisememoiren gibt, haben Schriftsteller dokumentiert, wie reizvoll und inspirierend es ist, an einem neuen Ort aufzuwachen und sich in ein Café zu setzen oder stundenlang herumzustreunen, das Leben auf der Straße zu beobachten und Gleichgesinnte kennenzulernen. Neue Entwicklungen – die Digitalwirtschaft mit ihren freien Arbeitnehmern, Home-Share-Plattformen, kostenfreie globale Telekommunikationsdienste, Coworking Spaces, Social Media – lassen die Vorstellung vom digitalen Nomadendasein noch verlockender und machbarer erscheinen. Hart arbeiten, das Leben genießen und beim nächsten Anfall von Reisefieber in eine neue spannende Umgebung wechseln? Mit einem ortsunabhängigen Job lässt sich all das durchaus vereinbaren. Ein digitaler Nomade lebt überall und nirgendwo zur selben Zeit.

Wer in seiner Tätigkeit nicht an einen festen Büroarbeitsplatz gebunden ist – Schriftsteller, Designer, Entwickler, Kreative, Berater, Fotografen usw. – und Lust auf Abenteuer hat, dem erschließt sich eine kurzweilige und erfüllende Form des Freiberuflerdaseins. Die Realität kann aber auch herausfordernd sein. Man kommt in eine fremde Stadt – mitten in der Nacht, wahrscheinlich allein – und soll sich dort für ein paar Monate einrichten. Wo gibt es zuverlässiges WLAN? Welches Viertel passt zu einem? Wo ist der nächste Lebensmittelladen? Ein guter Kaffee wäre auch nicht schlecht …

Trotz alledem probieren immer mehr Menschen diese Lebensform nicht nur aus, sondern blühen darin geradezu auf. Es überrascht also nicht, dass viele ihre Erlebnisse und Erfahrungen dokumentieren. Als Faustregel gilt, mindestens drei Monate an einem Ort zu verbringen. So bleiben Kundenstamm, Bankkonto und das eigene innere Gleichgewicht intakt. Erfahrene digitale Nomaden, die ihr Wissen teilen, unterstützen und inspirieren damit andere, die ebenfalls versuchen, ihre Komfortzone gegen den Reiz des Unbekannten zu tauschen und so von tiefen Freundschaften, neu gewonnenem Wissen und einem besseren Weltverständnis zu profitieren.

Jeder Winkel der Welt will erkundet werden. Doch wie entscheidet ein angehender Nomade, wohin die Reise geht? Einige Orte sind wahre Drehscheiben für Aktivitäten und Chancen, andere sind dagegen eher entspannt und ermöglichen konzentriertes Arbeiten ohne Zeitdruck. Die Destinationen auf den folgenden Seiten empfehlen wir wegen ihrer essenziellen Qualitäten: tolle Community, zuverlässiges WLAN und bezahlbare Lebenshaltungskosten. Diese Anhaltspunkte solltest du im Hinblick auf deine zukünftigen Abenteuer als digitaler Nomade beachten.

Linke Seite: Coworking auf Bali; nächste Seite: Chiang Mai, Thailand

REISETIPPS FÜRS LEBEN NR. 7

Ich arbeite, um zu reisen (und umgekehrt)

Wenn es nach den hier genannten Fathom-Mitgestaltern geht, ist es ein Leichtes, Arbeit und Reisen in Einklang zu bringen. Folge ihnen auf Instagram, und Fernweh ist dir gewiss.

Alpana Deshmukh
@alpana.deshmukh

Anna Petrow
@annapetrow

Chris Schalkx
@chrisschalkx

Daniel Schwartz
@hellowithyou

Dulci Edge
@ladulcivida

Emily Nathan
@ernathan

Erica Firpo
@ericafirpo

Jessica Cantlin
@feed.
my.wanderlust

Kasia Dietz
@kasiadietz

Kate Donnelly
@k8bdonnelly

Katie McKnoulty
@thetravellinglight

Larkin Clark
@larkinclark

Lee Litumbe
@spiritedpursuit

Lucy Laucht
@lucylaucht

Mark Gray
@daysofmrgray

Michaela Trimble
@michaelatrimble

Paul Jebara
@pawljebara

Pauline Egge
@petitepassport

Tanveer Badal
@tanveerbadal

Victoria Cairo
@victoria.a.cairo

DAS MUSTERBEISPIEL:
CHIANG MAI, THAILAND

**Thailands bestvernetzte Stadt steht bei digitalen
Nomaden aus gutem Grund hoch im Kurs.**

Frage einen erfahrenen Digitalnomaden nach seiner besten
Arbeitserfahrung: Die Antwort wird sicherlich Chiang Mai
lauten. Die zweitgrößte Stadt Thailands ist schon lang ein
Zufluchtsort für die Expat-Community und hat sich zu einem
echten Hub für mobile Arbeitskräfte aus aller Welt entwickelt.
Nicht selten stößt man hier bei einem Stadtbummel auf einen
Coworking Space oder kommt in einem Café mit anderen Nomaden ins Gespräch. Es ist dieses starke Gemeinschaftsgefühl,
das ehemalige Vollzeitbeschäftigte auf der Suche nach der
idealen Startrampe für ihr neues Leben magisch anzieht.

Auch die niedrigen Lebenshaltungskosten spielen eine
Rolle. Mit 33 000 thailändischen Baht (1000 USD) pro Monat
kommt man gut über die Runden. Unterkünfte und Verpfle-
gung sind erschwinglich, das Essen auswärts ist günstiger
(und schmeckt besser) als selbst zu kochen, hochwertiger
Kaffee aus der Region kostet gerade mal einen Dollar. Tuk-
Tuk-Fahrten gibt es für eine Handvoll Dollar, und kostenloses
Highspeed-WLAN ist leicht zu finden, v. a. wenn man lokale
Mobilfunkangebote mit Zugang zu jeder Menge Hotspots
nutzt. Coworking Spaces, die meist das schnellste Internet
haben, sind weitverbreitet und bieten tolle Konditionen. Was
sie jedoch zu einem unbezahlbaren Bestandteil der Freelance-
szene macht, ist die kollaborative Atmosphäre.

Die Stadt hat sich mittlerweile zwar an die Bedürfnisse
der immer mehr werdenden Touristen und Expatriates an-
gepasst, jedoch nichts von ihrem Charme verloren. Dank der
drei Universitäten ist junge Energie zu spüren, es gibt überall
Tempel und geschäftige Märkte und viele Gelegenheiten für
Ausflüge, um die Natur Nordthailands zu erkunden. Chiang
Mai ist eines der entspannteren Zentren in Südostasien – ein
großes Plus für alle, die auf zu viel Trubel verzichten können.

Alternativen: Ho-Chi-Minh-Stadt, Vietnam

EIN TRAUM VON EINER STADT: SPOLETO, UMBRIEN, ITALIEN

Beschaulichkeit pur. Wie frisch gewaschene Wäsche, die in der Sonne trocknet. Muße, kombiniert mit Kleinstadtflair, sorgt für klare Gedanken und lässt Raum für die schönen Seiten des Lebens.

In dem Sommer, als Fathom sein dreijähriges Bestehen feierte, nahmen wir das Angebot eines Freundes an. Er lud uns ein in den Palazzo seiner Familie in Spoleto, eine verschlafene umbrische Stadt am Fuße des Apennins. Das Haus war seit einigen Jahren unbewohnt und beeindruckte mit prächtigen Fresken, samtenem Mobiliar und einer bemerkenswert zuverlässigen WLAN-Verbindung. Unser Freund wollte Leben ins Haus bringen, wir wollten uns von den Strapazen der Start-up-Phase erholen. Natürlich kommt nicht jeden Tag eine Einladung, das eigene Büro von einem engen Coworking Space in Downtown Manhattan in ein inspirierend romantisches altes Haus in einem mittelalterlichen Städtchen zu verlegen, noch dazu kostenlos. Aber eine Moral dieser Geschichte ist: Manche Gelegenheiten darf man sich nicht entgehen lassen.

Eine weitere Moral der Geschichte: Reisende, die sich für Kleinstädte entscheiden, sind gezwungen, sich wie Einheimische zu verhalten. Und das ist gut so. In Spoleto hetzten wir nicht herum wie ruhelose New Yorker, die wir normalerweise sind. Wir gingen es gemütlich an, schlenderten durch die Gassen, rissen die Fensterläden auf, um Passanten zu beobachten, frönten der *passeggiata* (italienisches Ritual des abendlichen Flanierens). Wir verbrachten die Abende nicht mit zwanghaftem Instagram-Scrollen, sondern tranken Wein aus der Region und spielten Karten bei Kerzenschein.

Das Leben in Spoleto gab uns das Gefühl, mehr erfahren zu müssen über Geschichte, Kulturangebot, Eigenheiten, lokale Akteure und Pastatraditionen (z. B. umbrische *Strangozzi* – dicke Nudeln mit Favabohnen, Pancetta und Pecorino). Wir fanden Zeit und Raum, um über Fathom und was wir uns davon erhofften, zu sinnieren und zu diskutieren. Eine verschlafene Stadt ist großartig, um an einem neuen Projekt zu arbeiten, eine Sprache zu lernen oder einen Abgabetermin einzuhalten, ohne abgelenkt zu werden. Bitte Freunde und Familie, dass sie dir Leute vorstellen, die in weniger bekannten Gegenden leben, um herauszufinden, ob dir ein Aufenthalt in einer solchen Umgebung guttun könnte.

Alternativen: Hydra, Griechenland; Guanajuato, Mexiko; Šibenik, Kroatien

VORSPRUNG DURCH TECHNIK: TALLINN, ESTLAND

Der Geburtsort von Skype macht es einfacher, etwas Neues anzugehen.

Tallinn mischt im IT-Sektor ganz vorn mit und will nun auch den Reisesektor revolutionieren – mit einem von der estnischen Regierung entwickelten Nomadenvisum, dem weltweit ersten seiner Art. Damit hat man die Möglichkeit, sich bis zu zwölf Monate legal im Land aufzuhalten und zu arbeiten, viermal so lang wie mit einem normalen Visum. Folglich muss man nicht wie die meisten digitalen Nomaden unter dem Radar fliegen oder sich mit Touristenvisa durchschlagen. Eine tolle Sache für Teams, die Zeit brauchen, um etwas ins Rollen zu bringen, oder an langfristigen Projekten arbeiten. Gleichzeitig profitiert man von all dem, was Tallinn und Estland insgesamt zu bieten haben: das zweitschnellste öffentliche WLAN der Welt, viele Parks, prima Cafés und Coworking Spaces, eine pulsierende Kulturszene und eine etablierte Start-up-Community mit coolen Kreativen, Entrepreneuren und IT-Genies wie jenen, die vor knapp 20 Jahren Skype geschaffen haben. Tallinn ist eine spannende Stadt, um ein Business aufzuziehen. Mit der hochmodernen digitalen Infrastruktur lässt sich hier ein Start-up schneller gründen, als es dauert, einen Caffè latte zu bestellen und zu trinken.

Einziger Nachteil? Im Winter ist es wirklich kalt. Mit dem neuen Nomadenvisum kann man aber zwischendurch für 90 Tage problemlos in den Schengenraum (sprich in 26 europäische Länder) reisen. Einem Kurztrip nach Italien, Griechenland oder Spanien, um Sonne zu tanken und die Batterien aufzuladen, steht also nichts im Wege.

Alternativen: Tel Aviv, Israel; Dublin, Irland

Linke Seite, oben: Autorin Jeralyn Gerba bei der Arbeit; linke Seite, unten: der Dom von Spoleto; diese Seite, oben: die Telliskivi Creative City in Tallinn; diese Seite, unten: Eindrücke aus dem Inneren der Telliskivi Creative City; nächste Seite: Relaxen auf Bali

DIE INSEL DER WORK-LIFE-BALANCE: BALI, INDONESIEN

Relaxt, üppig, preiswert. Ein guter Ort zum Leben und um die Kraft der Natur auf sich wirken zu lassen.

Vor einigen Jahren stellten wir fest, dass es viele unserer Fathom-Mitgestalter nach Ubud auf Bali zog. So auch Katie McKnoulty, die ihre Reisen in ihrem Blog *The Traveling Light* dokumentiert. Sie berichtete darüber, wie sie die Welt zu ihrem Zuhause machte, und definierte Ubud als grünen Zufluchtsort für Menschen, die gerade eine Trennung hinter sich oder ihren Fulltimejob gekündigt haben. Kurz: Man kommt hierher, um noch einmal von vorn anzufangen. Auf Bali treffen sich ewige Vagabunden und Menschen, die nach Spiritualität suchen, Geist und Körper in Einklang bringen möchten. Man huldigt dem Wohlbefinden, meditiert, erreicht neue Ebenen.

Abgesehen von spektakulären Stränden, üppiger Natur, türkisblauem Wasser, gesundem Essen und unglaublich günstigen Massagen, ist es bemerkenswert, dass die lokale Community Neuankömmlinge stets mit offenen Armen aufnimmt. Was Katie McKnoulty faszinierte, war die Leichtigkeit, mit der man dort mit Fremden ins Gespräch kommt. Man hört Dinge wie »Seit ich hier bin, kann ich so richtig ich selbst sein« oder »Ich brauche nur diese Accelerator-Förderung für meine App, dann wird alles gut und ich starte voll durch«. Das Leben hier fühlt sich nie normal oder langweilig an. Doch Achtung: In Ubud lebt es sich so gut, dass viele nie wieder wegwollen. Die Rückkehr in die reale Welt kann schwer sein.

Alternativen: Colombo, Sri Lanka; Canggu, Bali

ENTDECKE DEINE KREATIVE ADER: BERLIN, DEUTSCHLAND

Für Künstler, Kreative und Nachtschwärmer hat die progressive, gut erreichbare Stadt mit ihrer deutschen Effizienz und ihrer ausgesprochen offenen Ideologie eine fast schon magnetische Anziehungskraft.

Eine kurze Zeit lang, bevor wir Fathom starteten, war Berlin unsere Inspirationsquelle – eine Stadt, die niemals schläft, mit genügend Museen und kulturellen Einrichtungen als Gegenpol zu ausschweifenden Clubs und unterirdischen Partylocations. Tagsüber scheint die Stadt fest im Griff von Künstlern, Musikern, Schriftstellern und Freischaffenden mit zündenden Ideen. Angehende Unternehmer können produktiv arbeiten und gut (und günstig) leben. Die Work-Life-Balance stimmt. In Berlin treffen sich Büroangestellte mittags in einem Lokal zum Essen (anstatt traurige Salate vor dem Computer zu futtern), leben Anzugträger und Akademiker ihre Plattensammelleidenschaft aus und schmeißen wilde Partys in Lack und Leder. Diversität und Ortsverbundenheit sind gelebte Realität. Nichts ist übertrieben sauber, allzu bürgerlich oder verspannt. Berlin bietet sich auch als ideale Basis für Trips in andere europäische Länder an. Im Sommer sorgen Biergärten, öffentliche Grünflächen und legaler Alkoholkonsum auf der Straße für ein Gefühl des Miteinanders, das kaum eine andere Stadt der Welt aufkommen lässt. Was wunderbar zu dem allgemeinen Feeling beiträgt, mittendrin statt nur dabei zu sein.

Alternativen: Prag, Tschechien; Budapest, Ungarn; Lissabon, Portugal

ÜBRIGENS: Die amerikanische Astronautin Peggy Whitson erreichte neue Sphären (im wahrsten Sinne des Wortes) und hält beachtliche Rekorde: Sie ist die Frau mit der längsten Gesamtaufenthaltsdauer im All und obendrein die mit den meisten und längsten Weltraumspaziergängen.

DER ROHDIAMANT: MEDELLÍN, KOLUMBIEN

Großstädtisches Treiben, herzliche Gastfreundschaft und angenehmes Wetter sorgen für ein besonderes Arbeitsumfeld an einem Ort, der noch als Geheimtipp gehandelt wird.

Von wegen Drogenkartell: Medellín hat sich neu erfunden. Jede Menge Stadtentwicklung und eine aufstrebende Kreativszene haben Medellín zur südamerikanischen Destination der Wahl für digitale Nomaden gemacht. Die Stadt pulsiert, es gibt coole Hotels, Restaurants, Cafés und Coworking-Angebote zum Arbeiten und Kontakteknüpfen. Wer hier neu ist, fühlt sich sofort angekommen und aufgenommen.

Medellín vermittelt eine Wärme, die es in vielen anderen Großstädten nicht gibt. Die Einheimischen, die sich selbst als *paisas* bezeichnen, sind sehr herzlich und auskunftsfreudig, was ihre Lieblingsplätze betrifft (z. B. Märkte, Esslokale, Bars). Spanischgrundkenntnisse sind oftmals nützlich, auch wenn eine etwas eingerostete Grammatik dem sozialen Leben hier keinen Abbruch tut. Die meisten Freundschaften schließt man ohnehin auf der Tanzfläche.

Die Stadt hat aber auch ihre Schattenseiten. Der Verkehr ist enorm, lokale Jobs sind schlecht bezahlt, und es gibt immer noch Viertel, die man nachts besser meiden sollte. Doch das ändert nichts an der Tatsache, dass Medellín digitalen Nomaden viel zu bieten hat. Wer aus Nordamerika anreist, hat recht gute Flugverbindungen aus den meisten großen Städten und bleibt in der gewohnten Zeitzone, was das Arbeiten mit Kunden in den USA vereinfacht. Unterkünfte sind günstig, das Essen außer Haus ebenso: ein Teller mit Reis, Bohnen, Gemüse und Fleisch (*menú del dia*) kostet ca. 12 000 kolumbianische Pesos (4 USD). Für Mobilität vor Ort sorgen billige Privattaxis und die für eine Stadt in Kolumbien einzigartige Hochbahn.

Das Beste: Es herrschen ganzjährig angenehme Temperaturen um die 22 °C – perfekt zum Arbeiten, um sich körperlich zu betätigen (z. B. auf öffentlichen Fitnessplätze im Freien) oder einfach in einem Straßencafé zu sitzen.

Alternativen: Kapstadt, Südafrika; Oaxaca, Mexiko

Linke Seite: grünes Café in Berlin; diese Seite, oben: buntes Medellín

Die coolsten Coworking-Orte

Arbeit mit auf den Weg zu einem fernen Ziel zu nehmen: Das klingt nach dem ultimativen Reisetraum. Weniger erbaulich ist der Gedanke an überfüllte Cafés, schlechte Internetverbindungen und das Gefühl, allein zu sein. Die hier vorgestellten Coworking Spaces sind hübsch gestaltete, freundliche Orte der Begegnung.

SINGAPUR: THE WORKING CAPITOL

In dem historischen Ensemble aus fünf charakteristischen, lichtdurchfluteten Geschäftshäusern an der Keong Saik Road gibt es mehrere Veranstaltungsräume für bis zu 200 Personen, einen Garten für After-Work-Geselligkeit und drei Restaurants. Die Dependance im CBD verfügt über ein Café, eine Bar, ein Restaurant, Dachgarten und Pool.

theworkingcapitol.com
1 Keong Saik Road
+65 68 05 40 50
Montag bis Freitag 8.30–18.00 Uhr

UBUD, BALI: HUBUD

Der Bambusbau ist für seine sympathische Digitalnomaden-Community bekannt. Ein Café (mit Bioprodukten), diverse gesellschaftliche und kulturelle Events und ein Coliving-Programm für Teams, die sich schnell einleben wollen, tragen dazu bei, dass man im Nu Freunde findet.

hubud.org
Monkey Forest Road 88x
+62 361 97 80 73

MUMBAI, INDIEN: MINISTRY OF NEW

Das stylishe Zentrum unter der Leitung von zwei Holländerinnen verfügt über einen großen, mit Pflanzen bestückten offenen Arbeitsbereich, einen teilweise überdachten hellen Innenhof, eine hübsche Bibliothek, die auch als Besprechungsraum genutzt werden kann, und ein schickes Café.

ministryofnew.in
Kitab Mahal, 3rd Floor, 192 Dadabhai Naoroji Road, Azad Maidan, Fort
+91 22 66 35 65 05
Montag bis Freitag 9.00–21.00 Uhr, Samstag 10.00–16.00 Uhr

Linke Seite: The Working Capitol; diese Seite, oben: entspanntes Arbeiten im Hubud; diese Seite, unten: das Ministry of New

LATEINAMERIKA: SELINA HOTELS

Die schnell wachsende Hotelkette erleichtert den Zugang zum digitalen Nomadendasein, indem sie Coworking-Räume mit erschwinglichen Unterkünften in Städten und Küstenorten in Mittel- und Südamerika kombiniert (z. B. in Costa Rica, Panama, Kolumbien). Wer alle Standorte abklappert, macht seine ganz eigene Reise des jungen Che und kann nebenbei auch noch alle Deadlines einhalten.

selina.com

TOKIO, JAPAN: NINETYTWO13

Die an eine alte Manufaktur erinnernden Büroflächen muss man einfach mögen. Eingerichtet mit Vintagemöbeln aus aller Welt, zieht dieser Ort eine hippe internationale Fangemeinde an. Gourmetküche, Yogastudio, Gym, Besprechungsräume, Werkstatt, Atelier, Wäscherei und sogar Mietwohnungen im Obergeschoss ergänzen das Angebot. Und das alles mitten im verrückten Tokio!

tokyochapter.com
Akasaka 9-2-13 minato-ku
+81 03 67 21 01 75

MONTREAL, KANADA: CREW COLLECTIVE

In diesem prächtigen ehemaligen Bankgebäude – hohe Räume, Marmor und Bronze, wohin man schaut – treffen sich die kreativen Köpfe der Stadt. Es gibt private Büros, gemeinsame Arbeitsbereiche, ein Café mit Bedienung, eine Küche, Aufenthaltsräume und eine Kneipe.

crewcollectivecafe.com
360 St-Jacques

Linke Seite: Arbeiten im Crew Collective; diese Seite, oben: Dachterrasse im NinetyTwo13; diese Seite, unten: ein weiterer schöner Raum im Crew Collective

Coworking Space Hubud auf Bali

REISETIPPS FÜRS LEBEN NR. 8

Reisehelden

Lange bevor die Idee des digitalen Nomadentums um sich griff, sind wackere Freigeister neue Wege gegangen und haben ihre Erfahrungen geteilt. Allein in den letzten hundert Jahren gab es einige bemerkenswerte Persönlichkeiten, die uns zeigen, was es heißt, gut zu reisen, besser zu leben und das alles zu dokumentieren. Als Quelle der Inspiration lohnt es sich, die folgenden Arbeitsnomaden der ersten Generation näher kennenzulernen.

Zora Neale Hurston

Die Vertreterin der »Harlem-Renaissance«, Schriftstellerin und Anthropologin mit einem Hang zur Waghalsigkeit leistete ethnografische Feldarbeit, berichtete über Trainhopping und Voodoo-Forschung, schrieb über karibische Folklore und verfasste 1939 einen eigenen Florida-Reiseführer. Als Afroamerikanerin verstieß sie mit ihren Reisen gegen die Jim-Crow-Gesetze. Ihre mutige Autobiografie heißt *Ich mag mich, wenn ich lache.*

Beryl Markham

Die in Großbritannien geborene draufgängerische kenianische Fliegerin und Abenteurerin vollbrachte etliche Pionierleistungen: Sie war Afrikas erste Trainerin für Rennpferde, Afrikas erste Buschpilotin und überflog als erste Frau den Atlantik von Ost nach West. Ihre Memoiren: *Westwärts mit der Nacht.*

Jane Goodall

Die bekannte, 1934 in London geborene Primatologin ist gut 300 Tage im Jahr auf Achse und setzt sich für Tier-, Umwelt- und Naturschutz ein. Ihre Lebensgeschichte – wie sie nach Kenia kam, einen Anthropologen traf und in die Wildnis zog, um Schimpansen zu studieren (zusammen mit ihrer in London geborenen Mutter), ihre Erkenntnisse teilte, unermüdlich an der Gründung eines Instituts arbeitete – ist Inspiration pur. Ihre Vorträge sollte man sich ebenso wenig entgehen lassen wie ihr Buch *Wilde Schimpansen.*

Bill Bryson

Der hochproduktive, investigative und anschaulich schildernde Journalist und Memoirenschreiber besitzt die Gabe, das kleinstädtische Amerika, Australien und Großbritannien von einst und andere Orte mit Humor, Witz und Charme einzufangen. Wir empfehlen sein Buch *Picknick mit Bären.*

James Baldwin

So mancher Möchtegernautor versuchte sich am Vorbild des viel gelobten Schriftstellers und Sozialkritikers, der Mitte des 20. Jahrhunderts in Paris lebte und arbeitete, nachdem er dem offenen Rassismus und der Homophobie in den USA entkommen war. Er gelangte als 24-Jähriger, pleite, ohne Französischkenntnisse und Rückflugticket ins Land. Doch bald machte er sich einen Namen und entwickelte einen romantisch-intellektuellen Pariser Lebensstil, den er im *Esquire* 1961 in dem Essay »The New Lost Generation« beschrieb.

Andrew Zimmern

Es ist eine Freude, diesem Gastroexperten und Showmaster zuzusehen, wie er sich unersättlich durch die Welt kostet und dabei kulturelles, historisches und kulinarisches Wissen vermittelt. Seine Serie *Der Alles-Esser – So schmeckt die Welt* ist sehenswert.

Bruce Chatwin

Der betörende Geschichtenerzähler britischer Herkunft bereiste nicht nur Südamerika und Australien, um die menschliche Existenz zu verstehen. Seine Erkenntnisse hat er in Romanen und Reisechroniken wie *In Patagonien* festgehalten.

Mae Jemison

Kunst trifft Wissenschaft trifft Menschlichkeit: Mae Jemison ist Ingenieurin, Ärztin, Tänzerin, NASA-Astronautin und war die erste Afroamerikanerin im Weltall. Klug, kreativ, zielstrebig und ideenreich, lotet sie stets die Grenzen des Machbaren aus (Interstellare Reise? Warum nicht). Sehens- und lesenswert: ihre Discovery-Channel-Wissenschaftsserie *World of Wonders* und ihre Autobiografie *Find Where the Wind Goes*.

Ernest Hemingway

Es gibt wohl keinen bekannteren Literaten und reisenden Titanen des 20. Jahrhunderts (Wo auch immer wir waren: Hemingway war schon dort und hat sich einen Drink genehmigt). Machismo und Verbitterung kommen in den berühmten Werken des herausragenden Erzählers zwar häufig vor, aber auch Abenteuergeist, Sehnsucht und Mysteriöses. Lesenswert: sein Roman *Fiesta*.

Maya Angelou

Die bekannte amerikanische Bürgerrechtlerin und Schriftstellerin lebte viele Leben, war u. a. Sängerin, Tänzerin, Schauspielerin und Journalistin in Ägypten und Ghana. Zentrale Themen ihrer Arbeit sind Identität, Reise und die Suche nach Heimat. Lesenswert: *All God's Children Need Traveling Shoes*.

Ernest Shackleton

Standhafte Führung und ungebrochener Überlebenswille sind die bleibenden Eindrücke, die der Polarforscher der Nachwelt hinterlassen hat. Seine gescheiterte Expedition zum Südpol Anfang des 20. Jahrhunderts gilt heute noch als Modell für Krisenmanagement (wer Betriebswirtschaft studiert, kann ein Lied davon singen). Das Buch *Endurance* von Caroline Alexander schildert seine legendäre – und qualvolle – Antarktisexpedition.

Amelia Earhart

Fliegen bedeutete für sie, die Welt zusammenzubringen. Daher ermutigte sie auch andere Frauen, sich für den Frieden zu engagieren. Die leidenschaftliche Pilotin flog als erste Frau über den Atlantik, arbeitete im Ersten Weltkrieg als Volontärin für das Rote Kreuz, beriet Studierende der Fakultät für Luftfahrt an der Purdue University, kreierte eine fluginspirierte Modelinie und porträtierte für *Cosmopolitan* Pionierinnen. Ihre Autobiografie: *The Fun of It*.

Paul Theroux

Dieser zeitgenössische Reiseschriftsteller hat unglaublich viele Länder beschrieben. Am meisten gelobt wird er für seine Fähigkeit, der Realität eines Ortes auf den Grund zu gehen – durch Befragung von Instanzen, spontanes Reisen oder Kontakte zu Einheimischen. Mit der Folge, dass seine Bücher mitunter von manchen Regierungen verboten werden. Lesenswert: sein Reisebericht *Abenteuer Eisenbahn – auf Schienen um die halbe Welt*.

Anthony Bourdain

Mit großer Leidenschaft für Selbstdarstellung und einem Lebensstil, der so überbordend war wie der eines Rock-'n-Roll-Stars, zeigte der bekannte Reisedokumoderator und Koch die Welt in all ihrer düsteren Echtheit und bodenständigen Köstlichkeit. Sehenswert: seine Dokuserien *No Reservations* und *Parts Unknown*.

Pico Iyer

Dieser Reiseschriftsteller ist der lebende Beweis für die Vermischung der Kulturen, über die er berichtet. Geboren in Großbritannien als Sohn indischer Eltern, lebte er in Kalifornien, freundete sich mit dem 14. Dalai-Lama an und lebt mit seiner japanischen Frau in Japan. Neben schöner Prosa über Spiritualität und die Suche nach Heimat beschäftigt er sich mit Flughäfen, Jetlag, Verrückung, Stillstand und den Zwischenstadien des Reisens. Hochinteressant: seine TED-Talks »Where Is Home?« und »The Beauty of What We'll Never Know«.

Rebecca Solnit

Die US-amerikanische Essayistin und Journalistin plädiert in ihren Arbeiten für subversive Umwege des Geistes: Man solle reisen statt ankommen und zu Fuß gehen, um Politik, Menschen und Orte zu verstehen. Sie hat an Menschenrechtskampagnen mitgewirkt, über Katastrophen berichtet und die Kulturlandschaft dokumentiert (der Begriff *Mansplaining* ist von einem ihrer Essays inspiriert). Ihre autobiografische Essayreihe trägt den Titel *A Field Guide to Getting Lost*.

TEIL VII

Die Welt im Kleinen verändern

Die Welt ist, was du aus ihr machst

Wir leben in einer eigenartigen, unruhigen Zeit. Alte politische Ordnungen zerbrechen, ganze Völker verlassen ihre Heimat. Das unvermeidliche Ergebnis ist eine eigenartige, unruhige Welt.

Während demokratisch und humanitär motivierte Bewegungen und Proteste die Nachkriegszeit prägten, stellt sich das 21. Jahrhundert bis jetzt als Epoche der Instabilität und Unsicherheit, des Terrors und der Tragödien dar. Bürgerkriege und Unruhen haben zu massiven Fluchtbewegungen geführt, verzweifelte Menschen verlassen auf der Suche nach Sicherheit und Stabilität ihre Heimat, nur um im Ausland zunehmend auf geschlossene Grenzen zu stoßen – selbst in Ländern mit lang bestehenden Demokratien.

Allzu leicht könnte man pessimistisch werden und als Antwort auf eine unsichere Welt einfach zu Hause bleiben.

Und doch hat die Sache noch eine andere Seite: die der Hoffnung und der Liebe. Eine Seite, die sagt, dass die Dunkelheit nicht von Dauer ist, dass die Sonne wieder aufgehen wird, dass Tragödien meist zu mehr Zusammenhalt führen. Kurz: Dass die Vernunft siegen wird und dass der Mensch im Grunde doch gut ist.

Darum geht es uns beim Reisen. Wir verstehen uns als Bürger einer Welt und achten darauf, uns mit Anstand, Rücksicht und Warmherzigkeit in ihr zu bewegen.

Dank moderner Technologien und der blitzschnellen Verbreitung von Informationen wird die Welt kleiner. Wir sehen alle dieselben Filme und hören dieselbe Musik. Wir spielen *Words with Friends* und folgen den Instagram-Geschichten Fremder, auf die wir zufällig zwischen Senegal und San Diego gestoßen sind. Wir leben in einer zunehmend vernetzten Welt, und dennoch macht sich Nationalismus breit und mit ihm Fremdenfeindlichkeit, Rassismus und Angst. Das ist schrecklich entmutigend.

Aber die Lage ist nicht hoffnungslos. Denn die kleinen Schritte, die jeder von uns gehen kann, haben eine Wirkung. Was hilft gegen Fremdenfeindlichkeit? Zeit mit Menschen aus anderen Ländern zu verbringen. Nichts zeigt uns deutlicher, dass wir alle ähnlich ticken: Wir sind gern mit unseren Freunden zusammen. Wollen uns mit unserer Familie vertragen und stolz auf unsere Arbeit sein. Wir mögen gutes Essen. Feiern unsere Fortschritte. Wollen Spaß haben. Der Speisezettel, die Musik, das Umfeld, die Kleidung und die Sprache mögen variieren, doch das Wesentliche bleibt davon unberührt.

Wer das versteht, hat keine Vorurteile.

Frei von Vorurteilen zu sein heißt auch, ein offenes Herz für andere zu haben.

Denkt man diesen Gedanken weiter, kommt man vielleicht auf die Idee, auf Reisen humanitäre Arbeit zu leisten oder sogar ganze Reisen ums Helfen herumzubauen. Der

Linke Seite: Tian Tan Buddha, Hongkong; diese Seite, oben: ein Rezept für Dankbarkeit

111

sogenannte Voluntourismus wächst. Es gibt heute mehr Möglichkeiten als je zuvor, den Orten, die man besucht, etwas zurückzugeben – und sie vielleicht etwas besser zu verlassen, als man sie vorgefunden hat.

Mit anderen Worten: Warum nur zusehen, wo man mitmachen kann?

Und warum sich dann nicht gleich richtig engagieren?

Die Schauspielerin, Philanthropin, Weltreisende und Fathom-Mitarbeiterin Stephanie March hat vor längerer Zeit beschlossen, etwas, das sie »Humanity Tithe« nennt, in ihre Reisen einzubeziehen. In ihrem Essay ermuntert sie uns dazu, es ihr gleichzutun:

Allmählich bekam ich mehr von den trostloseren Seiten der Entwicklungsländer mit. Der Kontrast zwischen denen, die viel haben, und denen, die nichts haben, wird besonders deutlich, wenn du dein Portemonnaie öffnest, um Wasser zu kaufen, und dir klar wird, dass dein Portemonnaie mehr gekostet hat, als die Person, die dir das Wasser verkauft, in einem ganzen Jahr hat. Das gehört zu den verwirrendsten, ernüchterndsten und traurigsten Aspekten des Reisens.

Solche Unannehmlichkeiten lassen sich leicht umgehen. Man kann a) die USA nie verlassen oder b) die Reise in Luxusarrangements verpacken, um auf keinen Fall etwas »Schlimmes« zu sehen. Das sind zumindest die beliebtesten Optionen.

Aber es gibt noch eine dritte Option, eine Möglichkeit, Spaß zu haben und gleichzeitig etwas zurückzugeben. Ich nenne sie »Humanity Tithe«.

Ein gutes Beispiel: Auf einer Weihnachtsreise nach Kambodscha verbrachten wir einen herrlichen Tag in den Ruinen von Angkor Wat. Eine Dschungeltour im Tuk Tuk, ein Bad im Pool des Résidence d'Angkor und später zwei Flaschen Rosé machten den Aufenthalt für uns perfekt.

Kambodscha ist ein Land mit großartigen Ruinen und einem üppigen Dschungel, aber auch mit extremer Armut. Sie ist unübersehbar, vor allem wenn du im Tuk Tuk direkt an einem Dorf mit 200 an Denguefieber erkrankten, völlig entkräfteten Menschen vorbeikommst.

Wir hatten für Hotels, Flüge, Essen, Guides und lokale Handwerkskunst bezahlt und somit schon einiges Geld ins System gepumpt, aber nicht als Geschenk, sondern im Austausch gegen Dienstleistungen und Waren, von denen ich sehr profitierte (die goldenen Creolen, die ich mir gekauft habe, solltet ihr mal sehen).

Ein Schild in unserem Hotel wies darauf hin, dass das Hotel ein lokales Waisenhaus unterstützte, für das wir bei Interesse spenden konnten. Wir fragten unseren Guide, ob ihm das ehrlich erschien, und er bestätigte, dass das Hotel das Geld nutzbringend einsetzte. Also rundeten wir unsere Hotelrechnung auf und spendeten zehn Prozent der Summe für das Waisenhaus. Das meine ich mit »Humanity Tithe«.

Beim Reisen versuchen wir immer, auf diese Weise zu handeln. Man muss dabei nicht unbedingt Geld geben. Man kann auch einer Schule einen Laptop oder Schreibwaren bringen oder Flugmeilen spenden.

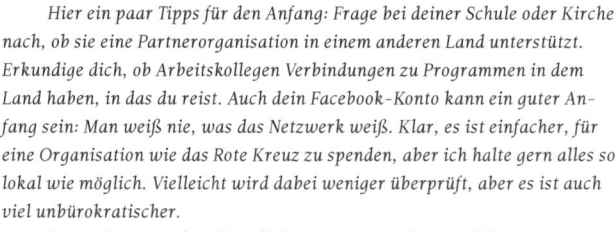

Hier ein paar Tipps für den Anfang: Frage bei deiner Schule oder Kirche nach, ob sie eine Partnerorganisation in einem anderen Land unterstützt. Erkundige dich, ob Arbeitskollegen Verbindungen zu Programmen in dem Land haben, in das du reist. Auch dein Facebook-Konto kann ein guter Anfang sein: Man weiß nie, was das Netzwerk weiß. Klar, es ist einfacher, für eine Organisation wie das Rote Kreuz zu spenden, aber ich halte gern alles so lokal wie möglich. Vielleicht wird dabei weniger überprüft, aber es ist auch viel unbürokratischer.

Das ist keine größere Verpflichtung. Es ist nicht, wie Voluntourismus oder eine Stiftung zu gründen oder Krebs zu heilen. Aber wenn das die einzigen Optionen fürs Geben wären, würde man vielleicht nie an einen Ort kommen, wo man spenden kann. Man kann ein interessantes Land kennenlernen, einen entspannten Urlaub mit Cocktails und allen Annehmlichkeiten verbringen und trotzdem irgendwie seinen Beitrag für mehr Menschlichkeit in der Welt leisten.

Ein wenig reale Hilfe, vor Ort gespendet und sofort eingesetzt, ist eine gute Möglichkeit, Dankbarkeit zu zeigen. Schließlich hat dein Gastland dich, den Reisenden, durch und durch bereichert. /.../

Etwas zurückzugeben ist ein zentraler Wert bei Fathom. Wir sind der Meinung, dass Reisen und Gutestun durchaus zusammengehören.

Die Geschichten, die wir dazu aus unserer Community hören, inspirieren uns. Da gibt es z. B. den Architekten aus Manhattan, der in seinen Frühjahrsferien zusammen mit seinem halbwüchsigen Sohn in den peruanischen Salzpfannen Wohnhäuser baute, oder der Musiker auf Tournee, der in einem Flüchtlingscamp in Deutschland eine Musikschule für Kinder gründete. Das sind nur Denkanstöße: Egal, was du tust, es kann vielen anderen nützen.

Übrigens haben auch Alltagsentscheidungen Gewicht. Unterstütze nachhaltige Unternehmen. Kaufe bei lokalen Herstellern. Gib einem Kunsthandwerkerinnen-Kollektiv einen Kleinkredit, anstatt eine neue Kofferfirma zu crowdfunden. Erlebe dich selbst als eine Investition in die Welt – wo auch immer du bist – und verhalte dich entsprechend.

Linke Seite, oben: Schale mit Blüten, gesehen an einer Raststätte in Vietnam; linke Seite, unten: Bootsfahrt in Bagan, Myanmar; diese Seite, oben: buddhistische Mönche in der Ausbildung; diese Seite, Mitte: paddeln in Bithoor, Indien; diese Seite, unten: Installation in Sevilla, Spanien

Mit Freiwilligendiensten um die Welt

Wie komme ich mit Einheimischen in Kontakt? Wie kann ich etwas zur Wirtschaft beisteuern, Freundschaften schließen und wirklich etwas tun, ohne die Umwelt oder die Menschen auszunutzen? Das sind die richtigen Fragen, wenn du das Reisen mit einem guten Zweck verbinden möchtest. Die Welt der Freiwilligendienste ist unübersichtlich, aber wir haben Organisationen ausfindig gemacht, die Bedürfnisse evaluieren, respektvoll helfen und die Fähigkeiten und Ressourcen der Reisenden für einen guten Zweck nutzen.

MIT GUTEM GEWISSEN PER SCHIFF DIE AFRIKANISCHE KÜSTE HINABFAHREN

Mission: Die Africa Mercy von Mercy Ships ist ein Hospitalschiff, das medizinische Versorgung in Entwicklungsländer bringt.

Deine Aufgabe: Das Schiff ist wie eine Kleinstadt und braucht zum Funktionieren alles von Köchen über Lehrer bis zu Empfangspersonal.

Gut zu wissen: Mercy Ships ist eine christlich ausgerichtete Organisation.

Anspruch: Hoch. Aber wenn du wie wir die Idee eines Hospitalschiffs großartig findest, lohnt sich der Einsatz hier auf jeden Fall.

mercyships.org
Deutschland: +49 (0)8 19 19 85 50-0;
international: +1 25 03 81 21 60

BEDROHTE TIERARTEN AUS NÄCHSTER NÄHE ERLEBEN

Mission: Great Projects ermöglicht weltweit Reisen mit lokalen Organisationen, die in umweltfreundlichen Forschungs- und Rettungsstationen mit bedrohten Tierarten arbeiten, z. B. Orang-Utan-Bestände auf Borneo wiederansiedeln und auf Safaris Tiger retten.

Deine Aufgabe: Muskelkraft – Kenntnisse in Schweißen, Bauen und Tischlern sind von Vorteil.

Gut zu wissen: Die Trips sind kurz und familienfreundlich, also den Strandurlaub absagen und lieber Elefanten retten!

Intensität: Mittel. Der Schwierigkeitsgrad hängt von der Tierart und ihrem Lebensraum ab, aber in schönen Öko-Lodges, Artenschutzzentren und Nationalparks zu wohnen ist etwas ganz Besonderes.

thegreatprojects.com
+44 0 20 88 85 49 87

Linke Seite: Coolness gibt es überall; diese Seite, oben: die knuddeligen Orang-Utans Ali und Ting Tsan; nächste Seite: Kinder in Thailand beim Spielen mit Wasser

REITEN DURCH DIE INDISCHE WÜSTE

Mission: Relief Riders International bietet weltweit humanitäre Hilfe zu Pferde.

Geeignet für: Pferdebegeisterte

Deine Aufgabe: Mit Gründer Alexander Souri und seinem Ärzteteam reiten und beim Aufbau medizinischer Camps in Wüstendörfern helfen.

Was uns gefällt: Die einzigartige Kombination aus Freiwilligendienst und Abenteuerreise.

Gut zu wissen: Es gibt schnelle und langsame Reitergruppen. Auch Freiwillige ohne medizinische Vorkenntnisse sind willkommen.

Anspruch: Hoch. Eine tolle Erfahrung, um Freundschaften zu schließen, sich einzubringen und eine Seite Indiens kennenzulernen, die man bei keiner normalen Reise sehen würde.

reliefridersinternational.com
+1 41 33 29 58 76

HAITI WIEDERAUFBAUEN HELFEN

Mission: Im English in Mind Institute können erwachsene Haitianer Englisch lernen, um eine langfristige sinnvolle Beschäftigung zu finden.

Deine Aufgabe: Vormittags in Waisenhäusern helfen, nachmittags Erwachsenen Englischunterricht geben.

Gut zu wissen: Ein, zwei Dinge über Englischunterricht. Auch Französischkenntnisse sind von Vorteil.

Anspruch: Mittel. Mit Menschen zu arbeiten, die in Armut leben, ist eine anspruchsvolle, aber dankbare Aufgabe.

englishinmindinstitute.org

NATUR SCHÜTZEN IN DEN USA

Mission: Der Sierra Club baut und betreut Wege. Parks und Naturschutzgebiete überall in den USA.

Geeignet für: naturverbundene Typen

Deine Aufgabe: Persönlicher Wächter von Mutter Natur.

Was uns gefällt: John Muir, Vorreiter der modernen Naturschutzbewegung, gründete die Organisation bereits 1892.

Gut zu wissen: Größte und einflussreichste Umweltorganisation der USA.

Anspruch: Hoch. Auf den Touren ist stundenlange körperliche Arbeit angesagt. Aber die Natur gibt Kraft.

sierraclub.org
+1 41 59 77 55 00

REISETIPPS FÜRS LEBEN NR. 9

Gute Arbeit für eine bessere Welt

Dies sind Beispiele für unabhängige und gemeinnützige Initiativen, die unsere Unterstützung brauchen.

American Prairie Reserve
Schafft den größten Naturpark der USA.
americanprairie.org

Books for Africa
Sammelt und versendet Bücher an Schüler in 54 afrikanischen Ländern.
booksforafrica.org

Clean the World
Verteilt unbenutzte Hotel-Toilettenartikel an Arme.
cleantheworld.org

Ocean Collectiv
Schützt und reinigt die Weltmeere.
oceancollectiv.co

One Kid, One World
Baut Schulen in Kenia und El Salvador.
onekidoneworld.org

Pachamama Alliance
Unterstützt und schützt indigene Völker im Amazonasregenwald.
pachamama.org

Pencils of Promise
Schafft Schulen und unterstützt Lehrer weltweit.
pencilsofpromise.org

ShelterBox USA
Versorgt überall auf der Welt von Naturkatastrophen und Kriegen Betroffene mit Notunterkünften.
shelterboxusa.org

Spark Ventures
Stellt Partnerorganisationen, die Menschen aus der Armut helfen, Business-Know-how zur Verfügung.
sparkventures.org

The Ocean Cleanup
Holt Plastikmüll aus dem Meer.
theoceancleanup.com

The Small Things
Unterstützt Familien in Tansania.
thesmallthings.org

We Are Family Foundation
Unterstützt und berät junge Menschen, die die Welt positiv verändern.
wearefamily foundation.org

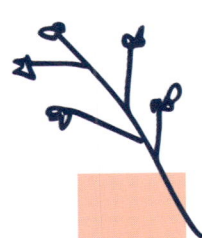

GEMEINDEN FÖRDERN IN THAILAND

Mission: Local Alike schafft Wachstum und Arbeitsplätze im ländlichen Thailand durch gemeindebasierten Tourismus und kulturellen Austausch.

Deine Aufgabe: Dörfer durch interkulturelles Engagement unterstützen.

Gut zu wissen: In den Gemeinden werden Aktivitäten wie Klettern, Campen, Ausflüge usw. angeboten.

Anspruch: Niedrig. Campen und Wandern sind anstrengender als Angebote in den Dörfern. In einigen Orten gibt es zwar warmes Wasser, aber kein WLAN.

localalike.com
+66 811 39 55 93

UNTERSTÜTZE ÖKONOMIEN

Mission: Die Foundation for Sustainable Development bildet Studenten und Berufstätige aus und unterstützt Partner-NGOs in Entwicklungsländern.

Deine Aufgabe: Du engagierst dich für gruppenspezifische Themen (Umwelt, Wirtschaft) und überwachst gleichzeitig ihre Umsetzung.

Gut zu wissen: ProCorps-Volunteer-Trips sind für Berufstätige mit mindestens fünf Jahren Erfahrung auf einem bestimmten Gebiet gedacht. Global-Service-Trips sind kurze, von lokalen Partnern organisierte Gruppenreisen.

Anspruch: Mittel. Die Programme sind intensiv und dauern bis zu einem Jahr.

fsd.org
+1 41 52 83 48 73

LERNE BEDROHTE MEERESTIERARTEN KENNEN

Mission: Oceanic Society intensiviert die Verbindung von Mensch und Meer durch Schutz- und Reiseprogramme.
Deine Aufgabe: Du begleitest Wissenschaftler auf Meeres-expeditionen – z. B. bei Walbeobachtungen, Polartörns, Schnorchelabenteuern und Wildtierbegegnungen.
Gut zu wissen: Die Expeditionen finden weltweit statt, meist im Pazifik.
Anspruch: Niedrig. Du erkundest die Umgebung und beobachtest Meerestiere.

oceanicsociety.org
USA: 1 80 03 26 74 91; international: +1 41 52 56 96 04

LASS GEMEINSCHAFTSDIENSTE ZUM NEUEN STANDARD WERDEN

Mission: Projects Abroad ermutigt junge Leute, sich welt-weit für gute Zwecke zu engagieren.
Deine Aufgabe: Mach dich nützlich, egal, ob du nun Prakti-kant einer Menschenrechts-NGO in Argentinien bist, Englisch als Fremdsprache unterrichtest oder Kinder in einer Team-sportart trainierst.
Gut zu wissen: Am beliebtesten sind die Care Projects, in denen man mit Kindern in Waisenhäusern und in der Tages-betreuung arbeitet.
Anspruch: Unterschiedlich. Für Langzeitaufenthalte ist ein Zertifikat nötig. Alternative Frühjahrsreisen sind ideal für Studenten. Die Möglichkeiten für weltweite Auslandsjahre für Uniabsolventen sind beinahe unerschöpflich.

projects-abroad.org
+1 21 22 44 72 34

Sonnenstrahlen in Son
Đong, Vietnam

TEIL VIII

Wenn dein Hotel das Ziel der Reise ist

Ein Gefühl wie zu Hause

Ja, wir lieben schöne Hotels! Sie sind unser Heim weit weg von zu Hause, Anker fast all unserer Reisen – und manchmal sogar der Grund, uns auf den Weg zu machen. So manches Ziel schaffte es an die Spitze unserer Reisewunschliste, weil seine tolle Architektur oder seine Gastfreundschaft – oder beides – es zum Besuchermagnet gemacht haben.

Klar, im Grunde ist ein Hotel ein Ort, an dem man sich in Ruhe aufs Ohr legen und duschen kann. Aber es kann auch ein Refugium nach einem langen, anstrengenden Flug sein, ein Fenster in eine andere Kultur, ein Raum, um Kraft zu tanken, mit makellosem Design, strahlend weißen Laken und rund um die Uhr beim Zimmerservice abrufbaren Pommes frites. Gute Hotels erfüllen die grundlegenden Bedürfnisse Reisender nach Sauberkeit, Sicherheit und Schutz. Großartige Hotel lesen dem Gast die Wünsche von den Lippen ab, reflektieren (oder transzendieren) den Ort, an dem sie sich befinden, und machen einem den Abschied schwer.

Die weltweite Hotelszene entwickelt sich ständig weiter und ist sozusagen ein atmender Organismus, der flexibel seine Umgebung und die wechselnden Ansprüche Reisender reflektiert. Die großen Hotelketten können Reisetrends abbilden, doch unsere Begeisterung gilt den Boutique-Hotels – unabhängigen Liebhaberprojekten, modernisierten Klassikern, beliebten Treffpunkten und Geheimtipps.

Das zurzeit einflussreichste Hotel ist vielleicht das Ace Hotel, das das traditionelle Lobbykonzept mit Check-in-Schalter, anonymem Sitzbereich und Loungemusik erfolgreich in einen einladenderen, vielseitig genutzten Raum umwandelte: Es gibt ein entspanntes Café, einen ansprechenden Arbeitsbereich, ein lebhaftes Restaurant, eine Cocktailbar und einen Indiemusik-Treffpunkt. Das Hotel wurde so von einem Ort für Touristen zu einem beliebten Quartierstreffpunkt für Einheimische und Gäste.

Vor 50 Jahren gaben Hotelketten ein eher gleichförmiges, vom Standort unabhängiges Bild ab, sodass ein treuer Hilton- oder Holiday-Inn-Gast wusste, was ihn in Houston, Rom oder Peking erwartete. Heute schlägt das Pendel zur anderen Seite aus, denn Hotels – sogar die großen Ketten – sind bemüht, möglichst viel Lokalkolorit zu präsentieren, um zu Reisezielen eigener Berechtigung zu werden; manchmal tun sie das, indem sie sich in neue Stadtviertel vorwagen.

Die folgende Liste ist nur eine (wirklich!) kleine Auswahl an Hotels, die das Fathom-Team kennt und aus verschiedenen Gründen mag: wegen ihres innovativen Designs, ihrer spannenden Gründungsgeschichten, ihres Service- und Wohlfühlfaktors, ihrer altmodischen Romantik, ihrer liebenswürdigen Leitung oder ihrer entspannten Atmosphäre zu erschwinglichen Preisen.

Zu den Stars unserer Liste gehören ein surreales Weingutresort, ein hypermodernes Hotel auf einer einsamen Inselgruppe, eine 230 Jahre alte, in ein Luxusanwesen umgebaute Festung und ein altes Dorf, das an den Stadtrand verlegt wurde. Schon wenn du deinen Koffer zum Check-in-Tresen ziehst, darfst du dich auf etwas Besonderes freuen, und sei es nur eine freundliche Hotelangestellte mit iPad und einem Glas frisch gepresstem Saft.

Linke Seite: das Hotel San Cristóbal in Todos Santos, Mexiko

Architekturjuwelen

Die Zukunft ist näher, als man denkt. Traditionelle Gebäudetypen wie Schlösser und Gutshäuser werden immer ihren Platz behaupten, doch Hoteliers mit Weitblick beauftragen Architekten und Designer, mit unkonventionellen Materialien und innovativen Techniken für kommende Generationen zu bauen.

FOGO ISLAND INN
Fogo Island, Neufundland, Kanada
Dieses topmoderne Hotel auf einer fernen Inselgruppe ist eine Wohltat fürs Auge. Der von einer »Saltbox« inspirierte, mit Sonnenkollektoren ausgestattete Bau des einheimischen Architekten Todd Saunders hat Stahlstützen, welche die 29 Zimmer hoch über Felsen und Eisschollen heben. Viele Einrichtungsgegenstände wurden als Hommage an aussterbendes Kunsthandwerk angefertigt. Das Küchenteam kocht mit saisonalen Zutaten und lädt die Gäste manchmal zu sich nach Hause ein. Weitere schicke Details sind Holzkamine in den Zimmern und Whirlpools auf dem Dach. Alle vom Hotel erwirtschafteten Überschüsse werden in die Gemeinde investiert. Wenn das nicht nachhaltig ist!

fogoislandinn.ca
210 Main Road, Joe Batt's Arm
+1 85 52 68 92 77

Linke Seite: Fogo Island Inn; diese Seite, oben: die Dachterrasse; diese Seite, unten: der Speisesaal

SHIPWRECK LODGE
Skeleton Coast, Namibia

Dieses einzigartige Hotel im weltabgeschiedenen Nordwesten Namibias liegt in einer der faszinierendsten Landschaften Afrikas (die Buschmänner nannten sie »Land, das Gott im Zorn schuf«). In seinen kabinenartigen Zimmern – sie erinnern an Schiffswracks, wie sie die Atlantikküste des Landes säumen – wähnt man sich in Sicherheit vor den Elementen, besonders wenn man sich mit einer Wärmflasche unter der dicken Webpelzdecke verkriecht. Für die von dem namibischen Architektur- und Designteam Nina Maritz und Melanie van der Merwe entworfenen solarbetriebenen Häuser wurden ausschließlich Holznägel verwendet. Tagsüber vertreibt man sich die Zeit mit Safariausflügen, genießt den Sonnenaufgang von den Dünen aus oder besichtigt die geheimnisvollen Wracks *Suiderkus* und *Karimona*.

shipwrecklodge.com.na
Skeleton Coast Park Mowe Bay
+264 61 22 81 04

AMANYANGYUN
Shanghai, China

15 Jahre dauerte es, um ein verfallenes chinesisches Dorf mit alten Villen und 1000-jährigen Kampferbäumen von seinem ursprünglichen Standort in den 644 Kilometer entfernten Bezirk Minhang in Shanghai zu transportieren. Kerry Hill Architects restaurierte die zerlegten Häuser anschließend sorgfältig und wandelte sie in Gästeunterkünfte um. Zur Anlage gehört ein moderner Nachbau eines chinesischen Gelehrtenhauses aus dem 17. Jahrhundert, in dem sich die Urlauber die Zeit mit Lernen, Nachsinnen und traditionellen Künsten wie Kalligrafie, Musik und Malerei vertreiben können.

aman.com
6161 Yuanjiang Road, Minhang District
+86 21 80 11 99 99

Rechte Seite: Punta Caliza;
diese Seite, oben: Shipwreck
Lodge; diese Seite, unten:
Amanyangun

PUNTA CALIZA
Isla Holbox, Mexiko

Ein mexikanischer Architekt und seine Frau, eine Künstlerin, entwarfen diese Zwölf-Zimmer-Oase auf der zunehmend angesagten Isla Holbox bei Cancún. Gebaut wurde mit Zedern aus der eigenen Baumschule, gepflanzt im Geburtsjahr des ältesten Sohnes, der wiederum heute zusammen mit seiner Schwester bei der Hotelführung hilft. Das Design interpretiert die Maya-Architektur auf nachhaltige, zeitgenössische Weise. Der traditionelle Innenhof wurde durch einen flachen, dreieckigen Pool ersetzt, und die darum herum gebauten schilfgedeckten Hütten mit den Gästezimmern haben jeweils eigene, mit dem Hauptbecken verbundene Pools: Du kannst also direkt in dein Zimmer schwimmen.

puntacaliza.com
77310 Isla Holbox, Quintana Roo
+52 99 88 00 01 19

Hostels wie Boutique-Hotels

Hier gibt es weder miese Beleuchtung noch kahle Schlafsäle oder Duschen mit Münzautomat: Die zeitgemäße Antwort von Hoteliers und smarten Unternehmern auf das Urverlangen nach Erlebnissen, gutem Design und Gemeinschaftsräumen sind günstige Hotels, die erschwinglichen Luxus bieten – freundlich, kommunikativ, mit WLAN. Und schon bist du bereit für deinen nächsten Fototermin.

THE INDEPENDENTE HOSTEL & SUITES
Lissabon, Portugal

Die helle, geräumige ehemalige Residenz liegt an einem malerischen Platz und bietet 100-jährigen Stuck, moderne Möbel, schöne Fußbodenfliesen sowie Suiten mit Balkons und Blick auf den Fluss; und dazu: Schlüsselkarten, Schließfächer und ein klasse Restaurant mit Bar, in dem portugiesisches Essen serviert wird. Privatzimmer? Klar: Es gibt auch Suiten im klassisch portugiesischen Stil.

theindependente.pt
Rua de São Pedro de Alcântara, nº 81
+351 213 46 13 81

NATIVE HOSTEL BAR & KITCHEN
Austin, Texas, USA

Bei dem eleganten Design fragt man sich, ob man soeben das tollste Boutique-Hotel der Stadt betreten hat. Der Gast hat die Wahl zwischen Mehrbettzimmern mit Etagenbetten und Gemeinschaftsbad, Lofts mit Etagenbetten und einem Kingsize-Bett (ideal für größere Gruppen) oder Suiten. Und bei Happy Hours, DJ-Sets, Yoga, Wildwasser-Tubing sowie Filmvorführungen wird es nie langweilig.

nativehostels.com
807 E 4th Street
+1 51 25 51 99 47

Linke Seite: The Independente Hostel
& Suites; diese Seite, oben: Native
Hostel Bar & Kitchen; nächste Seite:
Kaisu, Tokio

KAISU
Tokio, Japan
Dieses schicke und ansprechende Hostel im quirligen Akasaka liegt unweit der Zuglinien Shibuya und Chiyoda. Seine (öffentliche) Café-Bar mit ihrem großen Gemeinschaftstisch, den Lampen, Sofas und der entspannten Atmosphäre erinnert an ein gemütliches Wohnzimmer.

kaisu.jp
6 Chome-13-5 Akasaka, Minato
+81 357 97 77 11

Rechte Seite: Caveland; diese Seite, oben links: Reykjavík; diese Seite, oben rechts: designbetonte Etagenbetten im Downtown Beds; diese Seite, unten links: typisch Marrakesch; diese Seite, unten rechts: Caveland

EQUITY POINT MARRAKECH
Marrakesch, Marokko

Spar dir das Feilschen für die Straßenverkäufer auf dem Marktplatz Djemaa el Fna auf. Diese kleine Oase im Stadtzentrum hat den Charme eines klassischen Riads (traditionelles marokkanisches Haus) ohne die Kosten eines Luxushotels. Die Gäste schwimmen im Innenhofpool und essen auf der Terrasse zu marokkanischer Livemusik. Als Unternehmungen bieten sich Souk-Touren, Kochkurse und Ausflüge in die Wüste an.

equity-point.com
80, Derb El Hammam Mouassine
+34 932 31 20 45

KEX
Reykjavík, Island

Die umgebaute Keksfabrik, gemütlich und hip, ist nur zwei Häuserblocks von der Hauptstraße entfernt. Alte Holzfußböden, Bauhausmöbel und jede Menge Bücher machen das Gastropub, die lebendige Bar und die beheizten Patioplätze zu Lieblingsorten. Es gibt Zimmer mit oder ohne eigenes Bad und Familienzimmer, außerdem Filmpremieren, Kunstevents, einen Friseur, einen Fitnessraum und freies WLAN.

kexhostel.is
Skúlagata 28
+354 561 60 60

CAVELAND
Santorini, Griechenland

Eine Höhle, die man gemäß der Bautradition der Insel im 18. Jahrhundert als Kellerei in 3600 Jahre alten Bimsstein grub, wurde zu einem Hostel umgestaltet. Zitronen-, Granatapfel- und Pistazienbäume wachsen hier überall und machen den Außenbereich mit seinen blau gestrichenen Steinwänden und Holzmöbeln zu einem idyllischen Ort. Bevor man sich ins historische Apartment, in die Frauenhöhle oder ins Doppelzimmer zurückzieht, kann man an einem der größten Pools der Insel relaxen.

cave-land.com
Post Box 39, Karterádos
+30 22 86 02 21 22

DOWNTOWN BEDS
Mexiko-Stadt, Mexiko

Alte Paläste werden für alle möglichen modernen Nutzungen umgebaut, doch die spanischen Adligen hätten nie gedacht, dass ihr großartiger mexikanischer Palast je ein Hostel für die Jungen und Umtriebigen sein würde. Dank des schmucken Designs fühlt man sich in den Etagenbetten hier eher wie in Privatkapseln. Überall stecken clevere Details: Waschmöglichkeit auf dem Dach, Pool auf der Terrasse, Bier im Innenhof, Hängematten und Fahrräder zum Ausleihen. Das innovative Hotelunternehmen Grupo Habita besitzt mehrere Boutique-Hotels in Mexiko und den USA und bringt die gleiche Sorgfalt in sein weniger anspruchsvolles Angebot ein.

downtownbeds.com
Calle Isabel la Católica 30, Centro Histórico, Centro
+52 55 51 30 68 55

Hotels für Instagram-Fans

Wenn du nicht gerade versuchst, das perfekte Bild von deinem Essen oder den Sonnenuntergang durchs Champagnerglas aufzunehmen, machst du deine Freunde vielleicht neidisch auf umwerfende Schlafzimmerinterieurs von deinen Reisen. Helle Räume, tolles Design und jede Menge liebenswerte Details – diese Boutique-Hotels sind allein schon fürs Instagram-Bild die Reise wert.

ETT HEM
Stockholm, Schweden

Ein verträumtes skandinavisches Stadthaus wurde vom eleganten Heim zum Zwölf-Zimmer-Boutique-Hotel. Die Londoner Designerin Ilse Crawford sorgte mit Details wie Kaschmirdecken und Kübelpflanzen für eine warme, einladende Atmosphäre. Neben altmodischen Elementen wie Stuck und Samtsofas gibt es moderne Regenduschen und Beleuchtung von Michael Anastassiades. Der besonders fotogene, von Ulf Nordfjell geplante Garten ist wie geschaffen, um sich mit einem Glas Wein und einem Snack aus der ebenso ansprechenden Küche zurückzuziehen.

etthem.se
Sköldungagatan 2, SE-114 27
+46 820 05 90

LINE DC
Washington, D.C., USA

Halleluja. Alle, die in die Stadt kommen, sollten diesem fantastischen Hotel in einer 110 Jahre alten klassizistischen Kirche im bunten, immer quirligen Viertel Adams Morgan ihren Respekt zollen. Das Gemeinschaftsprojekt (von einheimischen Köchen, Künstlern und Designern) zeigt: Das 220-Zimmer-Hotel mit Mahagonikirchenbänken in der Lobby, zu Kunst umfunktionierten Gesangbuchseiten und überwölbten, himmelstrebenden 18-Meter-Decken passt perfekt zu Washington. Die Lobby beherbergt den von Heritage-Radio-Zögling Jack Inslee gegründeten lokalen Talksender Full Service Radio.

thelinehotel.com
1770 Euclid Street NW
+1 20 25 88 05 25

Linke Seite: Line DC; diese Seite, oben: Innenhof des Ett Hem; diese Seite, unten: Bibliothek des Ett Hem

Linke Seite: Zero George;
diese Seite, oben: Halcyon
House; diese Seite, unten:
Pool des Hotel Saint
Cecilia

HALCYON HOUSE
Cabarita Beach, Australien

Rück mal ein Stück, Byron Bay. Die Jungen und Schönen zieht es die Goldküste hinauf nach Cabarita Beach, einer Stadt am Meer mit breiten Stränden und toller Brandung. Die Architektur und die lockere Atmosphäre dieses ehemaligen Motels aus den 1960er-Jahren wurden erhalten, topmodern aktualisiert und in frischem Weiß-Blau gestrichen. Alles hier ist bunt gemustert, von den gepolsterten Wänden über die Kopfkissenbezüge bis zu den handgearbeiteten Badezimmerfliesen. Dazu verleihen sorgfältig restaurierte Antiquitäten und eine schwindelerregende Sammlung von Gemälden und Wandbehängen jedem Raum seine einzigartige Wirkung. Auch das sonnige Restaurant ist ein Magnet, ebenso wie der Pool und die Bar.

halcyonhouse.com.au
21 Cypress Crescent
+61 02 66 76 14 44

HOTEL SAINT CECILIA
Austin, Texas, USA

Abgerockte Chesterfieldsofas, von Bäumen hängende Kronleuchter und ein auf dem Gelände geparkter alter Citroën sind nur einige der charmanten Details des Anwesens, die der einflussreichen Hotelbesitzerin Liz Lambert zu Starruhm verhalfen. Das nach der Schutzheiligen der Musik benannte Hotel (drei Studios, sechs Bungalows direkt am Pool) hat auch fünf von Popikonen inspirierte Suiten. Uns gefällt die bambusverkleidete Außendusche in der Patti-Smith-Suite, aber auch der auf Instagram berühmte Swimmingpool ist unwiderstehlich.

hotelsaintcecilia.com
112 Academy Drive
+1 51 28 52 24 00

ZERO GEORGE
Charleston, South Carolina, USA

Dieser schicke Gasthof mit seinem Charlestoncharme besteht aus drei gut erhaltenen Wohnhäusern von 1804 und zwei Remisen, die durch einen lauschigen, palmenbeschatteten Innenhof verbunden sind. Kernholzfußböden, traditionelles Holzpaneel und Korbmöbel verleihen dem Raum ein nostalgisches Flair. Eine Flotte pistaziengrüner Fahrräder steht für einen Ausflug bereit.

zerogeorge.com
0 George Street
+1 84 38 17 79 00

WYTHE HOTEL
Brooklyn, New York, USA

Die alte Fabrik am Wasser steht für den New-Brooklyn-Style schlechthin. Sie ist locker, aber nobel, und wird von einer Dachterrassenbar gekrönt. Kein Wunder, dass dieses Gebäude von 1901 mit seiner industriell-schicken Ausstattung (Betonfußböden, rote Sichtbacksteinwände), bodentiefen Fenstern Richtung Manhattan mit Blick auf den East River und mit den schönen Bodenfliesen im Restaurant Reynard zu Instagrams Urlieblingen zählt.

wythehotel.com
80 Wythe Avenue
+1 71 84 60 80 00

AMERICAN TRADE HOTEL
Panama-Stadt, Panama

Dieses Sanierungsprojekt – eine Zusammenarbeit zwischen Atelier Ace (von Ace Hotels), Commune Design und Conservatorio, einer lokalen Entwicklungsagentur – rückte Panamas Altstadt ins Blickfeld designinteressierter Reisender. Seine vielschichtige Ästhetik bezieht die 340-jährige Geschichte des Gebäudes mit ein: Bertoia-Stühle gesellen sich zu Kübelpflanzen, textiler Kunst sowie zu Holzfußböden aus versunkenen Baumstämmen aus dem berühmten Kanal.

americantradehotel.com
Plaza Herrera Casco Viejo
+507 211 20 00

HOTEL SAN CRISTÓBAL
Todos Santos, Mexiko

Für visuell Geneigte scheint es, als sei dieses Boutique-Hotel einem Traum entstiegen: Bunt gemusterte Betonfliesen neben farbenfrohen Stoffen und Möbeln vor smaragdgrünem Pool und tiefblauem Pazifik. Pinkfarbene Schwimmreifen treiben über den Pool, und Gäste in den gestreiften Bademänteln des Hotels räkeln sich im Schatten weißer Sonnenschirme.

sancristobalbaja.com
Playa Punta Lobos, Carretera Federal N°19, Km 54+800
USA: 1 85 52 27 15 35; international: 011 52 61 21 75 15 30

Rechte Seite: The Whitby Hotel; diese Seite, oben: Wythe Hotel; diese Seite, Mitte: American Trade Hotel; diese Seite, unten: Hotel San Cristóbal

138

THE WHITBY HOTEL
New York City, New York, USA

Wer hat behauptet, Midtown Manhattan sei durch und durch geschäftsmäßig und langweilig? Überlasst es der englischen Hotelbesitzerin und Design-Directrice Kit Kemp, das Viertel mit ihrem strahlenden und gemusterten Sorglosstil zu erfüllen. Die Hotelzimmer beeindrucken mit bodentiefen Fenstern, einzigartigen Farbzusammenstellungen und einem Hauch von britischer Exzentrik. Die Mahlzeiten können in der Orangery eingenommen werden, einem Speisesaal voller illuminierter Porzellanvasen mit New Yorker Sehenswürdigkeiten. Lobby, Flure und öffentliche Räume sind mit internationalen zeitgenössischen Kunstwerken gefüllt.

firmdalehotels.com
18 W 56th Street
+1 21 25 86 56 56

Hotels mit Vergangenheit

Vielen geht es beim Reisen um Wandel und Neuerfindung. Warum nicht auch bezüglich Hotels, gerade in Zeiten von Wiederverwertung und Recycling? Unsere Umgebungen entwickeln sich weiter, gerade da ist es wichtig, zu wissen, wo wir waren. Jeder glänzende neue Turm in der Skyline von morgen hat vom gestrigen Abriss etwas zu lernen. Wir begrüßen die Kreativität, mit der Festungen, Gefängnisse und Feuerwachen in bemerkenswerte Herbergen umgewandelt werden.

ALILA FORT BISHANGARH
Jaipur, Indien

Sieben Jahre dauerte es, die 230 Jahre alte, auf einem Hügel gelegene Festung in ein Resort zu verwandeln. Es liegt im ländlichen Rajasthan an der Straße von Delhi nach Jaipur. Alt trifft Neu in den uralten Türmchen und Wänden, die noch ihre Schießscharten besitzen, sowie bei den modernen Angeboten in 59 Suiten und mehreren Restaurants. Wenn du ins ehemalige Verlies eingeladen wirst, keine Angst: Es ist das Spa.

alilahotels.com
Off NH-8 at Manoharpur
+91 72 30 05 80 58

THE LIBERTY HOTEL
Boston, Massachusetts, USA

»Liberty« als Name für das luxuriöse Beacon Hill Hotel, das seine ersten 140 Jahre als Gefängnis von Beantown verbrachte, klingt ironisch. Aber der Umbau mit runden Fenstern und Balkonen in der viergeschossigen Atriumlobby ist so eindrucksvoll wie dynamisch, dadurch wurde das Hotel zu einem Ort, an dem man isst und trinkt (beispielsweise im – haha! – Clink [dt. Knast]), einkauft und, ach ja, schläft.

libertyhotel.com
215 Charles Street
+1 61 72 24 40 00

Linke Seite: ein Balkon im 1898 The Post; diese Seite, oben: Alila Fort Bishangarh; diese Seite, unten: The Liberty Hotel

REISETIPPS FÜRS LEBEN NR. 10

Souvenirs mit fünf Fingern

Sie gefallen dir im Hotelzimmer, und umso mehr, wenn du sie nach Hause schmuggelst: ein silberner Aschenbecher hier, ein hübsches monogrammiertes Handtuch dort. Hoteleinrichtung mitgehen zu lassen, hat in der Reiseszene Tradition. Reizvolle Objekte sind manchmal eben unwiderstehlich.

**BELMOND HOTEL
DAS CATARATAS**
Parque Nacional
Iguazú, Brasilien
Granado-Toiletten-
artikel vom Tradi-
tionsdrogisten aus Rio.
belmond.com

J. K. PLACE
Florenz, Italien
Ein fantastischer
Stadtführer, kuratiert
von Geschäftsführer
Claudio Meli.
jkplace.com

THE RITZ
London, England
Marineblaue
Plüschpantoffeln.
theritzlondon.com

LE SIRENUSE
Positano, Italien
Eau-d'Italie-
Toilettenartikel mit
Duftnote des Hauses.
sirenuse.it

PULITZER
Amsterdam,
Niederlande
Ein Fahrrad-Flickset.
pulitzeramsterdam.com

**SHANGRI-LA BARR
AL JISSAH**
Maskat, Oman
Traditionelle Omani-
Kaffeetassen für
arabischen Kaffee.
shangri-la.com

**KASBAH
TAMADOT**
Asni, Marokko
Weiche marokkanische
Leder-Babouches.
virginlimitededition.
com

AMANZOE
Kranidi, Griechenland
Strohhut, Flip-Flops
und Strandtasche,
stehen für den
Beachclub bereit.
aman.com

**THE
RITZ-CARLTON**
Koh Samui, Thailand
Flaschen mit haus-
eigenem Insektenspray
aus Zitronella-,
Eukalyptus- und
Niembaumölen.
ritzcarlton.com

1898 THE POST
Gent, Belgien
Das kleine Boutique-Hotel in den oberen beiden Stockwerken des ehemaligen Postamts mit der stattlichen neogotischen Fassade ist mit dunklen Farben, Antikmöbeln und großen Fenstern zur Stadt hin ausgestattet. Der Tag beginnt mit einem köstlichen hausgemachten Frühstück und einer Tasse Tee im The Kitchen, einem relaxten Open-Format-Restaurant mit gemütlichen, in neutralen Farben gepolsterten Sitzen.

zannierhotels.com
Graslei 16
+32 92 77 09 60

DETROIT FOUNDATION HOTEL
Detroit, Michigan, USA
Alle halten Detroit die Daumen – die Wiederbelebung der Stadt ist überfällig. Noch vor Kurzem sah es in der Hotelszene mau aus, bis eine historische Feuerwehrzentrale zu einem klug gestalteten, unabhängigen 100-Zimmer-Hotel umgebaut wurde. Einheimische Schnapsbrenner, Brauer, Farmer und Handwerker wurden zusammengebracht, um für eine authentische Detroit-Erfahrung zu sorgen. Das hauseigene Restaurant »The Chef's Table« ist gewissermaßen eine Keimzelle für die Energie der Stadt.

detroitfoundationhotel.com
250 W Larned Street
+1 31 38 00 55 00

Linke Seite: 1898 The Post; diese Seite, oben:
El Cosmico; diese Seite, unten: El Cosmico

EL COSMICO
Marfa, Texas, USA

Dieser unkonventionelle Wohnwagenplatz hat
jede Menge Charme. Die winzige, isolierte Kunst-
stadt Marfa in West Texas war immer wieder Ziel
gestresster Reisender auf der Suche nach der ver-
dienten Ruhepause. 13 hübsch restaurierte Mobil-
heime der 1950er-Jahre sind die Hauptattraktion,
aber es gibt auch Tipis, Jurten und Zelte im
Safaristil auf dem Platz. Unabgelenkt durch Fernsehen, Telefon oder Internetanschluss (außer in
der Lounge), kann man seine Kreativität in einem
Workshop ausleben oder Stunden unter einem
sternenübersäten Himmel mit Gesprächen über
existenzielle Themen verbringen.

elcosmico.com
802 West Highland Avenue
+1 87 78 22 19 50

Günstiger
als gedacht

Würde Geld keine Rolle spielen, wäre es ein Kinderspiel, Reisen zu buchen. Sind Zeit und Geld jedoch knapp, guter Geschmack und edles Design aber trotzdem wichtig, wird die Suche nach einem erschwinglichen (oder gar billigen) Wohlfühlhotel leicht zur Suche nach der Nadel im Heuhaufen. Gibt es überhaupt entspannte, stilvolle, clevere und charmante Budget-Hotels? Ja, es gibt sie.

ACE HOTEL SEATTLE
Seattle, Washington, USA

Das trendige Hotel, das es schon gab, als Hipster noch nicht erfunden waren, hat seinen Sitz in einem ehemaligen Gästehaus für Arbeiter aus dem historischen Hafenviertel. Es setzte einen Standard, dem seither zahllose andere folgen: minimalistisches Design, recycelter Hartholz-Fußboden, Öko-Details und Kunst des Street-Art-Künstlers Shepard Fairey.

acehotel.com
2423 First Avenue
+1 20 64 48 47 21

CATAHOULA HOTEL
New Orleans, Louisiana, USA

Das instandgesetzte kreolische Stadthaus mit 35 Zimmern ist ein modernes Hotel mit einem Hauch Patina. Die Räume sind einfach, aber makellos, mit weißen Laken, modernen Möbeln und aufwendigen Details (maßgefertigte Schminktische aus heimischem Zypressenholz, Regenduschen). Es gibt viele Cocktails auf Pisco-Basis und eine internationale Speisekarte.

catahoulahotel.com
914 Union Street
+1 50 46 03 24 22

SIR SAVIGNY HOTEL
Berlin, Deutschland

Ein Art-déco-Hotel für Aristokraten von heute (die sparen müssen) im Nobelkiez Charlottenburg. Makellose Holzoberflächen, Ledermöbel und Kunst sorgen für eine einladende Atmosphäre. Die Zimmer warten mit einer Überraschung auf: einer Burger-Gegensprechanlage, die hungrige Gäste direkt mit dem Restaurant »The Butcher« im Erdgeschoss verbindet.

sirhotels.com
Kantstraße 144
+49 (0)30 323 01 56 71

Linke Seite: Casa Bonay; diese Seite, oben: Catahoula Hotel; diese Seite, unten: Sir Savigny Hotel

Am Pool des Austin Motel in Texas

AUSTIN MOTEL
Austin, Texas, USA

Der Slogan des Hotels sagt schon alles: »So close, yet so far out« (So nah, und doch so weit draußen). Lebhafte Farben und Blickfang-Tapeten kleiden die Zimmer so spielerisch wie entspannt, und der nierenförmige Pool mit Sonnendeck im Zentrum der Anlage ist wie aus dem Instagram-Himmel. Das Originalschild aus den 1930er-Jahren am Eingang lieferte die Inspiration für die Retro-Ästhetik und geht einher mit Designspuren aus den 50er- (Farbpalette) und 80er-Jahren (Kunst).

austinmotel.com
1220 S Congress Avenue
+1 51 24 41 11 57

ALABAMA HOTEL
Hobart, Australien

Hobart ist eine Stadt, die für ihren alternativen Charme geschätzt wird. Hier wurde ein Pub aus dem 19. Jahrhundert, das Zimmer vermietet, als schickes und günstiges Boutique-Hotel neu konzipiert. Ein Balkon voller Pflanzen, eine gut bestückte Bar, Retro-Touch, schmucke Zimmer, freies WLAN und sehr freundliche Mitarbeiter sorgen für eine großartige Zeit in Down Under.

alabamahobart.com.au
72 Liverpool Street
+61 499 98 76 98

THE ROBEY
Chicago, Illinois, USA

In Fortsetzung der Grupo-Habita-Tradition, alte Gebäude clever und zeitgemäß umzurüsten, wurde das Art-déco-Design dieses Hotels mit einer modernen Möblierung in neutral-minimalistischer Hell-Dunkel-Palette verschmolzen. Das Ergebnis nach eigener Aussage: ein »überzeugter Americana-Mix«. Zwei Bars und ein dreieckiger Pool runden die Angebote an der Grenze zwischen Wicker Park und Bucktown ab.

therobey.com
2018 W North Avenue
+1 87 23 15 30 50

Rechte Seite, oben: Brown Beach House Croatia; rechte Seite, unten: Casa Mae; diese Seite, oben: Austin Motel; diese Seite, unten: Alabama Hotel

BROWN BEACH HOUSE CROATIA
Trogir, Kroatien

Nichts an den raffinierten Designmöbeln dieses 42-Zimmer-Boutique-Anwesens in der charmanten historischen Küstenstadt ist billig. Es gibt einen Wellnessbereich, eine hübsche Sonnenterrasse, eine große Frühstücksauswahl und einen Pool mit Aussicht auf die Adriaküste. An (sehr seltenen) Regentagen fühlt es sich ebenso nach Urlaub an, ein paar Stunden im großzügigen, bestens ausgestatteten Salon mit seinen gemütlichen Sofas, der Auswahl an Büchern und dem dezenten Kinderspielzeug bei exzellentem Kaffee und Cocktails zu verbringen.

brownhotels.com
Put Gradine 66
+385 21 35 54 50

CASA MAE
Lagos, Portugal

Dieses Familienanwesen aus dem 19. Jahrhundert ist heute ein Boutique-Hotel mit 33 Zimmern und verströmt mit seinen Terrakotta-Fußböden und traditionellen Holzgittern (Reixa) an der Fassade portugiesische »tranquilidade« (Gelassenheit). Außerdem gibt es ein selbst publiziertes Designmagazin, einen Laden mit ausgewähltem Kunsthandwerk und ein Open-Kitchen-Restaurant.

casa-mae.com
Rua do Jogo da Bola 41
+351 968 36 97 32

THE HOXTON
Williamsburg, USA

Die Zimmer gleichen Schmuckschatullen, und die wunderbare Wohnzimmerlobby ermuntert Gäste wie Einheimische zum Arbeiten, Essen und Spielen. Der Look ist retro-industriell – von der Schauküche über das Freilicht-Amphitheater bis zum Partybereich, der dich in ein cooles Apartment in Brooklyn versetzt.

thehoxton.com
97 Wythe Avenue
+1 71 82 15 71 00

TRIBAL HOTEL
Granada, Nicaragua

Ein schön ausgestatteter Außenposten im schläfrigen Granada, der hübschesten Stadt von Nicaragua: Das Sieben-Zimmer-Hotel ist so authentisch wie nur irgend möglich, mit Tischen, Stühlen, handgemachten Fliesen und Sonnenliegen, die von einheimischen Schmieden, Metallbauern und Tischlern gefertigt wurden. Der Ort ist zurückhaltend und tropisch, ganz im Einklang mit der bescheidenen Ausstrahlung des Landes.

tribal-hotel.com
Calle Cuiscoma
+505 25 52 00 37

CASA BONAY
Barcelona, Spanien

Ein perfekter Hort der Ruhe in einem klassizistischen Gebäude aus dem 19. Jahrhundert im Stadtteil Dreta de l'Eixample. Eine einfache Palette aus Weiß mit Blau- und Grüntönen ergänzt die originalen Mosaikfußböden im Inneren, und eine Auswahl an lokalen Produkten von Satan's Coffee Corner oder aus dem Indie-Verlag Blackie Books verleihen den öffentlichen Räumen ihre besondere Atmosphäre.

casabonay.com
Gran Via de les Corts Catalanes, 700
+34 935 45 80 50

MOXY OSAKA HONMACHI
Osaka, Japan

Dies ist ein schickes Heim weit weg von zu Hause, klug gestaltet mit dynamischem Design, das die Hektik der umliegenden Stadt einfängt. Im Foyer herrscht tagsüber Coffeeshop-Stimmung, abends Clubatmosphäre. Dank eines rund um die Uhr geöffneten Selbstbedienungscafés und Lebensmittelladens, schnellen WLANs sowie Plätzen zum Arbeiten oder zum Spielen werden spätes Anreisen und Jetlag zur Kleinigkeit.

marriott.com
2-2-9 Kawaramachi, Chuo-ku
+81 662 04 52 00

Tribal Hotel

Ein Lob auf die Miniketten

Diesen Hitmaschinen der Boutique-Hotel-Industrie gelingt es, entspannt zu bleiben, indem sie alte Gebäude umfunktionieren, ihre jeweilige Umgebung in Dienstleistungen sowie Design spiegeln, Anziehungspunkt für Einheimische sind und mit netten Extras punkten – wie unglaublich günstigen Übernachtungspreisen.

Generator Hostels

Größere Städte von Amsterdam bis Miami

Alte Kaufhaus- und Fabrikgebäude werden zu Sammelstellen für junge Leute, die nicht Backpacker genannt werden wollen. Die eigenwillige Inneneinrichtung spiegelt das Viertel, mit jeder Menge Designdetails fürs Auge. Es gibt Kategorien von Mehrbett- bis Einzelzimmer.

generatorhostels.com

Mama Shelter

Weltweite Großstädte von Belgrad und Bordeaux bis Los Angeles und Rio

Schick, zeitgemäß und von Philippe Starck gestaltet, mit einem minimalistischen Look und maximalem Spaßfaktor. Es gibt Videokabinen, iMacs, freies WLAN, Gratisfilme, Events und witzige Zimmerdetails. Auch Einzelzimmer mit Bad sind vorhanden.

mamashelter.com

Freehand

Chicago, Los Angeles, Miami und New York

Bunte und ausgeflippte Interieurs ziehen zuverlässig spaßige, moderne Leute an. Da sie als Hotels und Hostels funktionieren, hat der Gast die Wahl zwischen Einzelzimmern mit eigenem Bad und Mehrbettzimmern mit Matratzen der Hotelklasse. Auch wenn du nicht hier logierst, lohnt sich ein Drink im Broken Shaker.

freehandhotels.com

21c Museum Hotels

US-amerikanische Städte, vor allem im Süden

Ihr erstes Hotel an der Museumsmeile von Louisville, Kentucky, läutete den Art-in-Hotels-Trend ein. Mit seinen Außenposten in der Region hilft das Unternehmen dabei, den amerikanischen Süden wiederaufleben zu lassen. Über die Kunst in den modernen Zimmern hinaus ist jedes Hotel auch ein Museum für zeitgenössische Kunst (öffentlich, mit freiem Eintritt) mit wechselnden Ausstellungen.

21cmuseumhotels.com

Legendäre Orte

Ernest Hemingway wusste, wie man aus der Stadt herauskommt. Oscar Wilde wusste, wie man sich hier niederlässt. Und Truman Capote wusste, wie man eine verdammt feine Hotelparty schmeißt. Folge dem Beispiel berühmter Autoren, miete dich in ihren Lieblingshotels ein und lass deiner Fantasie freien Lauf.

THE ALGONQUIN
New York City, New York, USA

In den Goldenen Zwanzigern traf sich eine Gruppe geistreicher Kritiker, Dramatiker, Zeitschriftengründer, Gewinner des Pulitzer-Preises und Schriftsteller (wie Dorothy Parker, Ruth Hale und Alexander Woollcott) täglich in diesem New Yorker Hotel zum Essen, Spielen, Scherzen und Gintrinken.

algonquinhotel.com
59 West 44th Street
+1 21 28 40 68 00

HOTEL AMBOS MUNDOS
Havanna, Kuba

Ernest Hemingway begann seinen Roman *Wem die Stunde schlägt* in Zimmer 551 dieses Hotels in Alt-Havanna, in dem er sieben Jahre lang lebte, bevor er in die Hügel vor der Stadt zog. Wenn du seine alte Bude sehen willst, die in ein Minimuseum umgewandelt wurde, sei so nett, und gib dem Liftboy etwas Trinkgeld.

gaviotahotels.com
153 Obispo
+53 78 60 95 30

Linke Seite: GoldenEye Hotel & Resort; diese Seite, oben: Wolkenkratzer in Manhattan; diese Seite, unten: Hotel Ambos Mundos

L'HOTEL
Paris, Frankreich

Oscar Wilde lebte und starb in Zimmer 16 des Fünf-Sterne-Hotels in Paris, mit 20 000 Franc Schulden. Der argentinische Autor und Wilde-Fan Jorge Luis Borges fand hier Ruhe zum Schreiben. Beide wären bestimmt beeindruckt, wenn sie sehen würden, dass das Hotel seinen theatralischen Zauber vom Gartenrestaurant bis zum Hamam im Untergeschoss bewahrt hat und noch immer zur Dekadenz inspiriert.

l-hotel.com
13 Rue des Beaux Arts
+33 144 41 99 00

THE SAVOY
London, England

Chaucer begann hier im 14. Jahrhundert, seine *Canterbury Tales* zu schreiben, als es noch Savoy Palace hieß. Der Dichter William Blake verbrachte seine letzten Lebensjahre auf der anderen Straßenseite. 1889 eröffnete ein Produzent von Gilbert und Sullivan das Luxushotel, das schnell zum Lieblingshotel von Oscar Wilde, Noël Coward und anderen wurde. Heute betreut der Literaturbotschafter des Hotels ein Writer-in-Residence-Programm sowie den hauseigenen Book Butler und veranstaltet regelmäßig literarische Salons.

fairmont.com/savoy
Strand
+44 020 78 36 43 43

Rechte Seite: Zimmer mit Aussicht im GoldenEye; diese Seite, oben: L'Hotel; diese Seite, Mitte: Kaspar's, The Savoy; diese Seite, unten: Badezeit im GoldenEye

GOLDENEYE HOTEL & RESORT
Oracabessa, Jamaika

Der ehemalige Geheimdienstoffizier Ian Fleming wanderte nach einer Militärmission in der Karibik nach Jamaika aus, baute sich eine Villa an einem idyllischen Strandabschnitt in der Bananenhafenstadt Oracabessa, nannte sie GoldenEye, nach einer Geheimmission im Zweiten Weltkrieg, und verfasste hier die gesamte James-Bond-Serie.

goldeneye.com
Oracabessa Bay, St. Mary
+1 87 66 22 90 09

Hotelromantik pur

Wie sich gezeigt hat, ist die Welt ein überaus romantischer Ort. Privat-
inseln in so ungefähr jedem Meer, Bergklausen mit Fernblick, scheinbar endlose weiße Sandstrände und Vorhänge, die sich in der sanften
Brise ums Himmelbett bauschen. Die verliebte Stimmung ist nur der
Anfang. Am richtigen Ort für die Liebe zu sein ist entscheidend.

VILLA FELTRINELLI
Gardasee, Italien

Nicht nur am Comer See gibt es luxuriöse Unterkünfte. Dieses Hotel am Gardasee ist der perfekte
Ort, wenn in deiner Vorstellung von »amore«
eine noble Villa am Seeufer aus dem 19. Jahrhundert mit einer langen (manchmal berüchtigten) Geschichte vorkommt. So gern du deiner
Begleitung auch in die Augen sehen möchtest,
die restaurierten Antiquitäten, jahrhundertealten
Zitronenbäume und das mit Michelin-Sternen
überhäufte Mahl in der Loggia könnten dich
ablenken. Kämpf nicht dagegen an: Du bist in
Italien und solltest alles lieben, was du siehst.

villafeltrinelli.com
Via Rimembranza 38–40, Gargnano
+39 03 65 79 80 00

LONGITUDE 131°
Uluru, Australien

Das Hotel ist der einzige Ort, wo man im Luxus-
zeltpavillon oder unter dem Sternenhimmel
sitzend direkt den Uluru (Ayers Rock) betrachten
kann. Und vom Dünenkamm aus sieht man die
Kata Tjuta (die Olgas), allesamt wichtige heilige
Berge der Aborigines und Ikonen auf der Liste
des Weltnaturerbes.

longitude131.com.au
Yulara Drive, Yulara
+61 299 18 43 55

Linke Seite: ein Blick
für zwei, Villa Feltri-
nelli; diese Seite, oben:
Restaurant der Villa
Feltrinelli; diese Seite,
unten: Sicht auf Longi-
tude 131°

DELAIRE GRAFF LODGES AND SPA
Stellenbosch, Südafrika

Wer Privatsphäre, guten Wein und einen ansprechenden architektonischen Rahmen sucht, ist hier am Ziel. Die Anlage schmiegt sich an den landschaftlich reizvollen Helshoogte Pass im Kapweinland, mitten in den Weinbergen. Der Blick vom privaten Pool aus: ein Genuss. Eine topmoderne Weinkellerei, zwei hervorragende Restaurants, eine Diamantenboutique und ein exzellentes Spa sind die besten Voraussetzungen für einen romantischen Aufenthalt.

delaire.co.za
Helshoogte Pass
+27 218 85 81 60

LA RÉSERVE PARIS HOTEL & SPA
Paris, Frankreich

Hier kannst du deine Gott-in-Frankreich-Fantasien ausleben. In der Villa, nur wenige Schritte vom Grand Palais im achten Arrondissement entfernt, lebte einst der Duc de Morny (Halbbruder Napoleons III.) und später Designer Pierre Cardin. Auch nach der Verwandlung in ein Hotel bewahrte es seinen verschwenderischen Luxus: Antiquitäten, Seide, Marmor und Gemälde füllen die behaglichen öffentlichen Bereiche sowie 40 lichtdurchflutete Suiten und Zimmer. Das hervorragende, in warmes rotes Licht getauchte Spa im Untergeschoss hat einen Pool – in Paris eine Rarität –, und das Restaurant mit zwei Michelin-Sternen wird für einige der besten Gerichte deines Aufenthalts in der Stadt sorgen. Die einzige Herausforderung ist der Abschied.

lareserve-paris.com
42 Avenue Gabriel
+33 158 36 60 60

Rechte Seite: Villa TreVille; diese Seite, oben: Delaire Graff Lodges und Spa; diese Seite, Mitte: La Réserve; diese Seite, unten: Pool im La Réserve

VILLA TREVILLE
Positano, Italien

Dieses atemberaubend schöne, von üppigen Gärten umgebene
Anwesen direkt an der Amalfiküste gehörte einst dem italienischen Regisseur Franco Zeffirelli. Ebenso faszinierend sind
die Details der Innenraumgestaltung (handbemalte, im Fisch-
grätmuster verlegte Fliesen, fantastische Mosaiken, Perlmutt-
möbel, mit Früchten beladene Cocktails im Salone Bianca). Der
Service ist fabelhaft: unaufdringlich, absolut aufmerksam. Hier
findet man in jeder Hinsicht das Beste von Italien.

villatreville.com
Via Arienzo, 30
+39 08 98 12 24 11

Glampingurlaub

Unterkünfte in Wäldern wecken Erinnerungen an Lagerfeuer, Ohrwürmer und lästige Schnaken in der Dusche. Aber das war vor der Erfindung des »Glamping«. Zum Beweis, dass Camping nicht gleich Camping ist, gleichen Zelte heutzutage Boutique-Hotels mit Luxusbettwäsche, moderner Technik und erstklassigem Service. Da viele Plätze nur während der Saison geöffnet haben, erkundige dich am besten, ob du reservieren kannst, bevor du deine Reisepläne machst.

VENTANA BIG SUR
Big Sur, Kalifornien, USA

Dieser bekannte Hippierückzugsort in Nordkalifornien mit Blick auf den glitzernden Pazifik und das umliegende Tal hat einige der feinsten Unterkünfte der Gegend, darunter 15 Leinenzelte im Safaristil mit maßgefertigten Glampingmatratzen und luxuriöser Bettwäsche, einer Holzfeuerstelle, elektrischem Licht, Steckdosen mit USB-Ports für Ladegeräte sowie Zugang zu den Angeboten des Resorts.

ventanabigsur.com
48123 Highway 1
+1 800 62 65 00

Linke Seite: Under Canvas Mount Rushmore; diese Seite, oben: Zimmer im Ventana Big Sur; diese Seite, unten: Wild Coast Tented Lodge

WILD COAST TENTED LODGE
Yala, Sri Lanka

Gebaut auf einem Streifen Land, der an den von Leoparden durchschlenderten Yala National Park grenzt, fügen sich die kokonartigen Zelte aus Naturmaterialien nahtlos in ihre Umgebung ein. Für das körperliche Wohlergehen ist gesorgt: Es gibt eine Klimaanlage, Himmelbetten und handgearbeitete Kupferbadewannen. Es gibt ein ständig wechselndes Angebot feiner sri-lankischer Küche und einen riesigen Swimmingpool, außerdem kann man sich die Zeit mit Wildnistouren und Spa-Behandlungen vertreiben.

resplendentceylon.com
Yala National Park
+94 117 74 57 30

UNDER CANVAS MOUNT RUSHMORE
Keystone, South Dakota, USA

Dieser am Rand einer alten Goldminensiedlung zwischen Badlands National Park und Black Hills National Forest gelegene Glampingplatz bietet stilvolle Leinenzelte mit angeschlossenen Badezimmern und Duschen. Das Restaurant, ebenfalls in einem aufwendigen Zelt, serviert einfaches Frühstück und Pfadfinder-inspiriertes Abendessen. Die Aktivitäten reichen von harmlos (Goldwaschen und Büffelsafari-Jeeptour) bis abenteuerlich (Reiten und Klettern).

undercanvas.com
24342 Presidio Ranch Road
+1 60 57 89 51 94

LA PAUSE
Agafay-Wüste, Marokko

Dieses Wüstencamp liegt eine Stunde südlich von Marrakesch in den Hügeln von Agafay und Welten entfernt vom Gedränge des Souk. Man wohnt in Lehmhütten oder spontan aufgebauten Zelten. Was für Events (wie Hochzeiten) gebraucht wird, baut die Belegschaft auf und hinterher wieder ab. Die Tage verbringt man damit, die Gegend auf Fahrrädern oder Kamelen zu erkunden oder sich im Pool abzukühlen. Das Abendessen wird unter den Sternen serviert. Nach Sonnenuntergang sind Kerzen die einzige Lichtquelle.

lapause-marrakech.com
Douar Lmih Laroussiene
+212 06 10 77 22 40

CAMP WANDAWEGA
Elkhorn, Wisconsin, USA

Eine sagenhafte Vergangenheit (Gangster, Flüsterkneipen, Prostituierte, aber auch lettische Resortgäste) gibt diesem idyllischen Midwest-Schlupfwinkel Charakter. Der Charme kommt von seinen aktuellen Besitzern: zwei Kreativchefs mit einer Schwäche für Flohmärkte, Holzfeuer und Karostoffe. Trau dich auf die Seilschaukel, hol ein Kanu aus dem Schuppen und gleite über das stille Wasser, mach mit beim Tennis (die Schläger kommen ebenfalls aus den 1920er-Jahren), Bogenschießen oder Volleyball oder leih dir ein Fahrrad aus und erkunde das Gelände samt Umgebung.

wandawega.com
W5453 Lake View

Linke Seite: Under Canvas Mount Rushmore; diese Seite, oben: La Pause; diese Seite, unten: bunte Koffer im Camp Wandawega

REISETIPPS FÜRS LEBEN NR. 12

Souvenirläden, die eine Reise wert sind

Statt Toilettenartikel oder Touristen-T-Shirts verkaufen die besten Hotel-Boutiquen Produkte lokaler Designer, feine Lebensmittel und Luxusdrogeriebedarf. Also mach dir keine Sorgen, wenn du deine Zahnbürste vergessen hast – du wirst sowieso in diesen Souvenirshops vorbeischauen wollen.

Poketo in The Line Hotel

Hofladen, São Lourenço do Barrocal

Läden im Beldi Country Club

Poketo in The Line Hotel
Los Angeles, Kalifornien, USA
Ein kleiner Außenposten des Design-
ladens aus Los Angeles mit Drogerie-
Basics, exklusiv für den Standort
entworfener Kleidung und Schreibwaren
grenzt direkt an die Lobby des schicksten
Hotels von Koreatown.
poketo.com
3515 Wilshire Boulevard
+1 21 33 81 74 11

Ham Yard Village
London, England
Vor dem Londoner Ham Yard Hotel
befinden sich in der Fußgängerstraße
u. a. eine brasilianische Boutique für
Badebekleidung, eine Saftbar, ein
Teeladen, ein Salon und ein Theater.
firmdalehotels.com
One Ham Yard
+44 020 36 42 20 00

Hofladen, São Lourenço do Barrocal
Monsaraz, Portugal
Das in ein Luxusresort umgewandelte
Bauerndorf im Alentejo liegt auf einem
fast acht Quadratkilometer großen Areal
inmitten von Olivenhainen, Weinbergen,
jungsteinzeitlichen Überresten und
Ackerland – und hat das süßeste
Hoflädchen, das wir je gesehen haben.
Das Angebot umfasst ausgewählte
portugiesische Produkte, von denen
man viele im Hotel wiedersieht, wie
die Wolldecken der Burel Factory,
die am Fußende der Betten liegen,
Picknickkörbe für Ausflüge, glasierte
Töpferwaren und hübsche Flaschen mit
Olivenöl aus eigener Herstellung.
barrocal.pt
7200-177 Monsaraz
+351 266 24 71 40

Läden im Beldi Country Club
Marrakesch, Marokko
Die vollgestopften Souks von Marrakesch
mögen mehr Kinkerlitzchen verkaufen
als in einen Koffer passen, aber vom
Zentrum aus bringt dich ein Taxi schnell
zum Beldi Country Club, einer Oase in
der Stadt. Hinter dem Hotel mit seinen
Gärten, dem Pool und den Restaurants
findest du Läden und Werkstätten, die
Textilien, Glas, Keramik, Modewaren
und Antiquitäten verkaufen. Alles
wird regional (in einigen Fällen vor
Ort) produziert und ist von erlesenem
Geschmack – viel interessanter als das
Souk-typische Einerlei.
beldicountryclub.com
Km 6, Route de Barrage
+ 212 524 38 39 50, + 212 679 89 26 07

Freda

CLASKA Gallery & Shop »DO«

Drake General Store

Freda
New Orleans, Louisiana, USA
Der winzige Shop aus dem texanischen
Marfa hat sich im Ace Hotel von New
Orleans niedergelassen. Die Lifestyle-
Boutique arbeitet mit verschiedenen
Herstellern aus dem Süden zusammen
und hat alles von handgearbeitetem
Schmuck und Kleidung bis zu Geschenk-
artikeln von Sara Ruffin Costello Clothing
und Earth Reverie Jewelry.
acehotel.com
600 Carondelet St Nr. 130
+1 50 43 09 75 15

Droog Shop Amsterdam
Amsterdam, Niederlande
Das Hôtel Droog gehört zum Droog-
Design-Komplex – einem Gebäude, das
Shopping, Essen, Vorträge und Events
unter einem Dach und in der obersten
Etage Erholung von allem bietet.
Zum Shopangebot gehören Produkte
bekannter niederländischer Designer
wie Antoine Peters und Spijkers en
Spijkers, kleine Designobjekte, Droog-
Markenware und schwer zu findende
internationale Kosmetiklabels. Nimm
eine Yogastunde im Hof oder schau im
zauberhaften Fairy Tale Garden auf eine
Tasse Tee vorbei.
droog.com
Staalstraat 7A/B
+31 02 05 23 50 50
9.00–19.00 Uhr

CLASKA Gallery & Shop »DO«
Tokio, Japan
Das schickste Boutique-Hotel Tokios
beherbergt eine der besten Mini-
Lifestyle-Ketten des Landes. Der
Designladen hat 13 Niederlassungen
in ganz Japan, die Kunsthandwerk,
Keramik, Schreibwaren, Kleidung und
Schönheitsprodukte anbieten.
claska.com
1-3-18 Chuo-cho Meguro-ku
+81 337 19 81 24
11.00–19.00 Uhr

Hofladen
Franschhoek, Südafrika
Auf Babylonstoren, einer kapholländischen Farm und Herberge aus
dem 17. Jahrhundert, eine Stunde östlich
von Kapstadt, können Hotelgäste eine
große Auswahl an Produkten kaufen,
die aus Erzeugnissen des drei Hektar
großen Gartens hergestellt wurden.
Marmeladen, Liköre, Konserven, Seifen
und Olivenöl sind wunderbare Souvenirs,
ebenso wie ein paar Flaschen Wein vom
Weinberg des Hotels.
babylonstoren.com
+27 02 18 63 38 52
9.00–17.00 Uhr

Drake General Store
Toronto, Kanada
Das Toronto-Flagship gegenüber
dem Drake Hotel mit all unseren
Lieblingsläden unter einem Dach ist
eine Kombination aus klassischer
Gemischtwarenhandlung, Flohmarkt,
Geschenkeladen und Museumsshop.
Neben Gemeinschaftsprodukten und
ausgewählten Marken werden hausintern
entworfene Waren verkauft. Ein Minicafé
und wechselnde Verkaufsaktionen sind
weitere Extras, die es nur an diesem
Standort gibt.
drakegeneralstore.ca
1151 Queen Street West
+1 41 65 38 22 22
Montag bis Samstag 10.00–20.00 Uhr,
Sonntag 11.00–18.00 Uhr

La Boutique by Les Bains Paris
Paris, Frankreich
Das gut gestaltete, kunstbestückte Hotel
Les Bains, einst Heimat des legendären
(und berüchtigten) gleichnamigen
Pariser Nachtclubs, hat auf der anderen
Straßenseite einen unabhängigen
Concept Store mit Parfümerie.
Kunstobjekte, Hautpflegeprodukte
und Skateboards aus Holz sind
neben Gemeinschaftsprodukten mit
Luxusmarken wie Pierre Hardy und
Delphine Delafon positioniert.
laboutique.lesbains-paris.com
+33 140 29 10 10

TEIL IX

Der Langzeit- effekt

Sind wir schon am Ende?

Fast.

Inzwischen hast du dir vielleicht ein paar Notizen gemacht – über eine Stadt, die du sehen möchtest, oder eine kulinarische Erfahrung, die du ausprobieren möchtest. Vielleicht hast du beschlossen, eine Auszeit zu nehmen oder einfach ins Blaue zu fahren. Dir ist klar, dass Reisen vieles bedeuten kann: loslassen und Spaß haben, fürchten und lieben, sich überwinden und belohnt werden.

Gut, dass wir einander verstehen.

Für Touristen ist Urlaub vor allem eine erholsame Zeit. Reisende hingegen sind Augenzeugen, die bereit sind für Neues – für einen Wandel der bewusstseinserweiternden, wahrnehmungs- und gelegentlich (hoffentlich) lebensverändernden Art. Natürlich ist das ein bisschen viel verlangt, wenn man übers Wochenende Freunde in Hamburg besucht oder zu einem Familientreffen nach Wien fährt.

Doch Veränderung wird auch in diesem Fall spürbar. Etwa wenn wir Vertrautes in einem neuen Licht sehen. Wenn wir uns unser Zuhause aus der Ferne betrachtet auf eine neue Art und Weise vorstellen. Wenn wir uns auf unbehagliche Situationen einlassen und sie wohlbehalten überstehen. Wenn wir im Hier und Jetzt leben. Dafür gibt es sogar einen eigenen Begriff: Achtsamkeit.

Achtsam zu sein ist nicht einfach, besonders dann nicht, wenn der Alltag zum Hamsterrad wird. Aufwachen, arbeiten, essen, schlafen und alles wieder von vorn. Reisen bietet die Möglichkeit, dieses Muster zu durchbrechen. Halte dich dabei an drei Dinge: Freu dich im Voraus, entschleunige unterwegs, bleib danach im Flow. So wird Reisen zu einer sinnstiftenden Erfahrung.

Linke Seite: bunte Erinnerungen;
diese Seite: die einfachen Freuden des Lebens

VORFREUDE

Glücklich ist, wer das, was Freude bereitet, bewusst hinauszögert. Z. B. die Reise nach Bora Bora sechs Monate im Voraus zu buchen, statt ein Last-Minute-Ticket zu kaufen. Das gibt Zeit, darüber zu sinnieren, wie fantastisch alles sein wird.

Du bist anfällig für Tagträume, Stimmungsschwankungen und akribische Reiseplanung mit Excel-Tabellen? Dann bist du klar im Vorteil. Immer wieder zeigen Studien, dass die Vorfreude auf einen Urlaub gleich viel oder sogar mehr Vergnügen bereitet als der eigentliche Aufenthalt (selbst dann, wenn man nur vorhat, mit einem kalten Drink in der Hand am Strand zu liegen).

Wir haben es ausprobiert und kennen den Unterschied. Deshalb sind wir absolut dafür, schon vor der Reise vollständig in die Materie eintauchen: Lies Bücher, die von deinem Reiseziel handeln, erstelle Playlists mit Musik lokaler Bands, kauf einen Badeanzug, sieh fern, sprich mit Freunden, plane Routen, zähle die Tage bis zur Abreise (noch zehn Tage bis ins Paradies). Koste die Zukunft aktiv aus – und du kannst dein Glücksniveau steigern.

Rechte Seite: Schalen und Oliven aus Griechenland; diese Seite, oben: Irgendwo ist immer Spritz-Time; diese Seite, unten: Kartenspielen geht auch offline …

ENTSCHLEUNIGUNG

Slow Travel ist der bewusste Versuch, eine Checkliste von »obligaten« Sehenswürdigkeiten zu meiden (Schiefer Turm von Pisa, Spanische Treppe, Pompeji usw. in nur sieben Tagen). Es geht im Wesentlichen darum, einigen wenigen Dingen mehr Zeit zu widmen und so auf eine eher beschauliche Art zu Reisen.

Was nicht heißt, dass man auf alles Touristische verzichten sollte. Manche Dinge sind aus gutem Grund beliebt. Wenn du in Florenz bist, wirst du natürlich die David-Statue aufsuchen, die wohl bekannteste Skulptur der Kunstgeschichte. Aber wenn du vor ihr stehst, lass dir Zeit. Geh um sie herum. Setz dich hin. Leg dich auf den Boden. Mach eine Skizze. Plaudere mit einem Museumsführer oder anderen Besuchern. Sei aufgeschlossen, gelassen, bedacht. Nur so wird das eintreten, was du dir von deinem Urlaub erhoffst: echte Entspannung und Erholung.

Lerne zu genießen, vergiss das »volle Programm«. Sag dir, dass du alle Zeit der Welt hast, um dort zu sein, wo du bist. Stell dir vor, du kannst in ein paar Jahren wiederkommen, wenn du willst. Geh essen, so wie du es machen würdest, wenn du um die Ecke wohnen würdest. Wenn du Sachen machst, die dir etwas bedeuten und kein Programm der Belanglosigkeiten fährst, wirst du die Orte, die du besuchst, mit mehr Wertschätzung und einem tieferen Verständnis erleben. Mach nicht alles, sondern mach es gut.

FLOW

Dieser Part wird gern übersehen. Wenn du von deiner Reise zurück bist, gilt es, den Faden weiterzuspinnen.

Als Menschen, die gern in die Ferne streben, müssen wir zugeben, dass wir – egal, wo oder wie lang wir unterwegs sind – immer gern nach Hause kommen. Ja, wir sind besessene Reisende, aber auch begeisterte Selberkocher und Couch-Potatos. Verreisen ist toll und Zu-Hause-Sein prima. Daran ist nichts Widersprüchliches. Warum nicht beides mögen? Mach einfach das Beste aus deiner Umgebung und deiner Zeit, ganz gleich, wo du bist.

Es liegt aber nicht nur in unserer Natur, es ist auch unser Job, Erlebtes aufzubereiten. Sich einfühlen, nachspüren, Erinnerungen wiederaufleben lassen – das meinen wir mit »im Flow bleiben«.

Draußen in der großen weiten Welt lernen wir unsere Gemeinsamkeiten und Unterschiedlichkeiten schätzen. Wenn wir dann von unseren Erfahrungen erzählen (auf Papier, online oder persönlich), gibt uns das die Gelegenheit, Sichtweisen abzugleichen und nachhaltig gute Beziehungen aufzubauen. Es ist ein sensibler Balanceakt – inspiriert zu bleiben und gleichzeitig in den Alltag zurückzufinden. Wer sich die Zeit nimmt, Erlebtes Revue passieren zu lassen, tut sich selbst etwas Gutes.

REISETIPPS FÜRS LEBEN NR. 13

Deine Erfahrungs-schatzkiste

Du kamst, sahst und siegtest. Was bleibt noch zu tun, um das Beste aus deinen Reisen zu machen?

Gib eine Dinnerparty, die sich um den letzten Ort dreht, an dem du warst. Leg dich mächtig ins Zeug: Überlege dir eine passende Tischdeko, Rezepte, Musik, Spiele und Storys.

Gestalte deine Reiseerinnerungen als Kunstwerk. Bahntickets, Broschüren und Postkarten an der Wand holen dir unvergessliche Momente ins Wohnzimmer. Die Onlinedienste Simply Framed (*simplyframed. com*) und Artifact Uprising (*artifactuprising. com*) bieten professionelle Gestaltungsideen.

Geh auf Tauchstation, wenn dich die Nostalgie einholt: Besorg dir den kroatischen Wein, dem du in Rovinj verfallen bist, guck Filme von Studio Ghibli, um dich an das Museum in Mitaka zu erinnern, oder strick einen Pulli aus der Alpakawolle, die du in Bolivien gekauft hast.

Integriere ein neues Ritual in deinen Alltag. Trag österreichische Filzpantoffeln. Tausch deinen Bademantel gegen ein Yukata ein. Gieß Cider wie ein Asturier – aus einem Meter Höhe, ohne hinzuschauen – in ein Glas.

Reise im Kopf weiter. Sieh dir Filme an, die an Orten spielen, die du besucht hast. Lies lokale Autoren. Koche lokale Gerichte wie Paella, Pho oder Biryani. Zünde Aromakerzen an mit Gerüchen wie Zimt (Sri Lanka), Lavendel (Provence) oder Rose (Marokko).

Teile deine Mitbringsel. Verschenke Souvenirs oder gib deine Reiseführer weiter. So hilfst du anderen, die nächste Reise zu planen, und schaffst freudige Erwartung. Man wird es dir danken.

TEIL X

Auf und davon

Tipps und Tricks für Reisende

Man muss kein Flugmeilensammelnder Manager sein, um wie ein echter Profi zu reisen. Ein bisschen Know-how, Planung, Einfallsreichtum, kleine Veränderungen – und schon ist man gut gerüstet.

Auf einen gültigen Reisepass achten.
Alle Infos dazu erhältst du von der Behörde, die den Reisepass ausgestellt hat. Für internationale Reisen gilt in der Regel, dass der Pass noch mindestens sechs Monate gültig sein muss. Besorg dir einen neuen Pass, falls der alte bald abläuft.

Wichtige Dinge gesammelt aufbewahren.
Verstaue alles, was du auf Reisen benötigst (Devisen, Impfpass, Reisedecke, Adapterstecker), zu Hause in einer Schublade. So gerätst du vor der nächsten Abreise nicht wieder in Panik (»Wo ist mein Pass?«).

In einen guten Koffer investieren.
Kauf dir einen Trolley. So rollst du deine Sachen bequem durch die Gegend.

Einreiseinformationen einholen.
Ob deine Visa und Impfungen gültig sind, erfährst du auf der Website des Außenministeriums deines Landes.

An die Gesundheit denken.
Erkundige dich, welche Impfungen für dein Reiseziel empfohlen werden. Dein Hausarzt sollte dir dazu Auskunft geben können. Infos bietet auch die Website wwwnc.cdc.gov/travel/destinations/list.

Erreichbar bleiben.
Schau dir das Smart Traveler Enrollment Program (STEP) des US-Außenministeriums bzw. das entsprechende Programm deines Landes an, sodass dich Botschaft oder Konsulat im Notfall kontaktieren können.

Warteschlangen vermeiden.
In den USA ist das TSA Precheck-Programm eine feine Sache, um schnell und unkompliziert durch die Sicherheitskontrolle zu gelangen. Wer regelmäßig in die USA reist, ist mit einer Anmeldung bei Global Entry gut beraten (schnellere Abfertigung am Zoll). Und mit der App Mobile Passport lassen sich Warteschlangen bei der Einreise in die USA vermeiden.

Handyvertrag checken.
Viele Mobilfunkunternehmen bieten Optionen an, damit du dein Handy im Ausland nutzen kannst. Erkundige dich bei deinem Anbieter nach den Konditionen.

Versicherungen prüfen.
Lies nach, was die in deiner Kreditkarte inkludierte Versicherung alles abdeckt, bevor du ein Auto mietest.

Beratung aus erster Hand.
Frag dein Netzwerk – Freunde, Familie, Facebook, Instagram – nach Tipps zu Reisezielen.

Routenplanung im Voraus.
Markiere alle geplanten Stationen deiner Reise auf Google Maps. Lade die Karte auf dein Handy, damit du offline darauf zugreifen kannst.

Bücher lesen.
Tauche in fremde Kulturen ein, indem du unterwegs Bücher über die Orte liest, an denen du gerade bist.

Apps aktualisieren.
Überlege, was du brauchst: Meditation, Training, Karten, Wetter, Währungsrechner …

Linke Seite: die raue Schönheit des Big Sur

Für den Notfall vorsorgen.

Mach vor der Reise Hardcopys von deinem Pass, deiner Route, Rezepten deiner Medikamente und wichtigen Telefonnummern. Bewahre einen Satz Kopien zu Hause auf, nimm den zweiten mit. Erstelle Softcopys all dessen, maile sie an deine Eltern/beste Freundin/besten Freund/Chef und lade sie in die Cloud hoch.

Von der Kreditkarte profitieren.

Besorg dir eine Karte, mit der dir keine internationalen Gebühren verrechnet werden, oder eine fluglinienspezifische, mit der du Punkte sammeln kannst.

Eine nachhaltige Trinkflasche beschaffen.

Es ist schon genug Plastik im Meer.

Aufgeladen bleiben.

Investiere in ein tragbares Ladegerät für dein Handy und nimm es überallhin mit. Denn Handyakkus haben die schlechte Angewohnheit, im ungeeignetsten Moment leer zu sein.

Elektronik im Doppelpack.

Mit einer Mehrfachsteckdose im Gepäck machst du dir schnell Freunde. Und wenn du einen Kopfhörersplitter dabeihast, kannst du deinen Lieblingsfilm mit jemandem gemeinsam ansehen.

Gepäck kennzeichnen.

Bringe einen Anhänger und/oder ein Band an deinem Koffer an, damit du ihn leichter erkennst.

Spielkarten dabeihaben.

Lass sie einfach im Koffer, damit du sie beim Einpacken nicht wieder vergisst.

Leichtes Gepäck.

Plane, was du an Kleidung mitnehmen möchtest, und packe nur die Hälfte davon ein. Du wirst ohnehin nicht alles tragen.

Allzeit griffbereit.

Was würde deinen Flug oder deine Fahrt komfortabler machen? Kopfhörer, Ibuprofen, Taschentücher, Lippenbalsam, Augentropfen, Stift, Teebeutel, Kaugummi, Handdesinfektionsmittel, Lotion ... packe alles in eine kleine Tasche.

Mehr Übersicht durch Beutel.

Pack deine Sachen in Beutel (Schuhe, Schmutzwäsche, nasses Badezeug, Elektronik, Unterwäsche, Socken). Damit hältst du Ordnung und hast alles schnell zur Hand. Auch praktisch: eine Tragetasche oder ein zusätzlicher Beutel mit Zipper für Souvenirs (falls im Koffer kein Platz mehr ist).

Zerbrechliches in die Mitte des Koffers legen.

Gib Weinflaschen in Schnellverschlussbeutel, bevor du sie in deinen Klamotten vergräbst.

Die Kulturtasche einsatzbereit halten.

Dein Waschbeutel mit flugtauglichen 100-ml-Produkten (Zahnbürste, Zahnpasta, Shampoo, Seife, Deo) sollte immer gepackt sein. Falls du an deinem Arsenal etwas änderst: Führe eine Checkliste der Produkte, die du gern mit auf Reisen nimmst, um nichts zu vergessen.

Einen Schal mitnehmen.

Ein Schal hält warm, schützt vor Sonne sowie Wind und braucht kaum Platz.

Reiseapotheke.

Pflaster für Schnitte und Blasen, Melatonin gegen den Jetlag und etwas gegen Sodbrennen.

Persönliche Medikamente.

Wenn du täglich Medikamente einnehmen musst, pack mehr ein als nötig, falls die Reise länger dauert. Und nimm sie immer im Handgepäck mit.

Unterhaltung downloaden.

Lade Videos, Musik und Bücher am Tag vor deiner Reise auf dein iPad oder andere Geräte.

Notizen auf Papier.

Falls dich der Handyakku im Stich lässt: Notiere dir Adresse und Nummer deiner Unterkunft.

Bargeld und Karten getrennt aufbewahren, eine Fake-Geldbörse einpacken.
Verstaue Geld, Kreditkarten und andere Wertsachen getrennt voneinander. Wenn du an einen gefährlichen Ort reist, nimm ein »Raub-Portemonnaie« (mit ein paar Scheinen und alten Karten) mit, das du im Fall der Fälle opferst.

Koffer weg? Keine Panik!
Gib eine Garnitur Unterwäsche, Socken, Toilettenartikel und etwas Bargeld ins Handgepäck, falls dein Koffer verloren geht.

Gepflegt reisen.
Kleide dich für den Flug bequem, aber nicht schäbig: Slipper statt Schnürschuhen, nicht zu viele Schichten und ein paar Accessoires. Du willst nicht zehn Minuten damit vertun, dich am Sicherheitscheck an- und auszuziehen, und möchtest dennoch adrett aussehen, falls du ein Upgrade bekommst.

Zeitanpassung.
Sobald du im Flugzeug sitzt, stelle deine Uhr auf die Ortszeit am Zielort ein.

Erholsames Nickerchen.
Du willst an Bord so etwas wie Schlaf genießen? Trage Ohrstöpsel und Augenmaske. Auf Langstreckenflügen sind Nackenkissen super. Die Kissen von Trtl (trtltravel.com) sind effektiv und klein, Muji (muji.us) macht sehr hübsche in herkömmlicherer Form und Größe.

Stretching an Bord.
Steh zwischendurch auf und mach ein paar Lockerungsübungen. So steigst du nach der Landung geschmeidig aus dem Flugzeug.

Handyortung aktivieren.
Für den Fall, dass du dein Handy verlierst.

Plan B mit Reisegefährten.
Spielt durch, wie ihr mit Notfällen und Katastrophen umgehen würdet, und legt im Voraus Treffpunkte und Ausstiegsszenarien fest.

Münzen für Trinkgeld mitnehmen ...
... und große Scheine so bald wie möglich wechseln.

Zu Fuß gehen.
Eine neue Stadt erkundet man am besten zu Fuß. Du siehst etwas Interessantes? Schau rein, sag Hallo und beginne ein Gespräch.

Öffentliche Räume nutzen.
Wenn du eine saubere Toilette benutzen oder deine Beine ausruhen möchtest, sind Hotellobbys oft ideal. Für den Notfall gibt es an der Rezeption höchstwahrscheinlich englischsprachiges und informiertes Personal. Öffentliche Bibliotheken sind ein guter Ort zum Ausruhen, für kostenloses Internet oder zur Informationssuche.

Bequemes Schuhwerk tragen.
Urlaub ist nicht die Zeit, um ein neues Paar Schuhe einzulaufen.

Akku sparen.
Schalte auf deinem Handy den Energiesparmodus ein, damit der Akku länger hält.

Nicht nur fotografieren.
Fotos sind toll, aber für unvergessliche Momente braucht man keine Kamera und kein Smartphone.

Freundschaften schließen.
So wirst du immer Leute zum Besuchen, Sofas zum Schlafen, Postkarten zum Schreiben und Geschichten zum Erzählen haben.

Unsere Lieblings-produkte auf Reisen

Aesop-Resurrection-Waschgel reinigt und erfrischt ohne Wasser (aesop.com).

Anker PowerCore 10000, der kompakte Zusatzakku lädt Geräte blitzschnell auf (anker.com).

Apple AirPods: Damit fühlst du dich frei wie ein Vogel (apple.com).

Arlo-Skye-Reisegepäck ist unkaputtbar und hat ein Ladegerät integriert (arloskye.com).

Die **aufblasbare Reisetasche VinniBag** bietet ein Luftpolster für zerbrechliche Souvenirs (ellessco.com).

Bachblüten-Notfalltropfen beruhigen ganz natürlich (bachflower.com).

Baggu-Einkaufsbeutel sind ein praktisches Utensil für unterwegs (baggu.com).

Bananagrams: Mit diesem Buchstabierspiel vergeht die Zeit wie im Flug (bananagrams.com).

Cuyana-Reisetaschensets hüllen deine Sachen in edles Leder (cuyana.com).

dōTerra OnGuard Beadlet Protective Blend stärkt das Immunsystem, erfrischt den Atem (doterra.com).

Der **Gehörschutz von Dubs** reduziert Lärm, ohne den Sound zu beeinträchtigen (getdubs.com).

Der **5-in-1-Reiseadapter Flight 001** versorgt Geräte in über 150 Ländern mit Strom (flight001.com).

Der **Flint-Fusselroller** ist nachfüllbar und passt zusammengeklappt in jede Hosentasche (meetflint.com).

Die **Koffer und Reisetaschen von Paravel** sind schön und praktisch (tourparavel.com).

Leatherology-Reisepasshüllen sind ein schickes Accessoire für Reiseprofis (leatherology.com).

Der **Lippenbalsam Olio E Osso** tönt und spendet Feuchtigkeit, für jeden Hauttyp (olioeosso.com).

Lucas Papaw Ointment hilft bei Verbrennungen, Schnittwunden, Insektenstichen und Ausschlägen (lucaspapaw.com.au).

Das **Native-Union-Belt-Ladekabel** ist lang genug, um Geräte auch an schlecht platzierten Steckdosen auf Flughäfen anzuschließen. Außerdem ist es robust und sieht cool aus (nativeunion.com).

Das **PurSteam-Reisedampfbügeleisen** macht Kleidung in 90 Sekunden knitterfrei (pursteam.us).

Rimowa-Koffer rollen dank deutscher Technik wie auf Schienen (rimowa.com).

Trtl-Nackenkissen stützen schlummernde Köpfe (trtltravel.com).

Packlisten

DOKUMENTE
Online speichern nicht vergessen!
- ☐ Reisepass
- ☐ Visa
- ☐ Führerschein
- ☐ Tickets/Reiseplan

HANDGEPÄCK
Nützliches für den Flug:
- ☐ Taschentücher
- ☐ Stift
- ☐ Feuchtigkeitscreme/ Lippenbalsam
- ☐ Ibuprofen
- ☐ Handdesinfektionsmittel/ Feuchttücher
- ☐ Augentropfen
- ☐ Kopfhörer
- ☐ Spielkarten

TECHNIK
- ☐ Ladegeräte (Handy, Laptop, Tablet)
- ☐ Adapter
- ☐ Zusatzakku (Handy, Kamera)
- ☐ Speicherkarten für die Kamera

WASCHBEUTEL
- ☐ Shampoo/Conditioner
- ☐ Gesichtsreiniger
- ☐ Feuchtigkeitscreme
- ☐ Sonnenschutz
- ☐ Flüssigseife (vorzugsweise ein mildes Produkt, das man auch als Waschmittel nutzen kann)
- ☐ Deodorant
- ☐ Zahnpasta/-bürste/-seide
- ☐ Kamm/Haarbürste
- ☐ Rasierer/Rasiercreme
- ☐ Wattepads/-stäbchen
- ☐ Nagelfeile
- ☐ Reiseapotheke
- ☐ Medikamente
- ☐ Tampons
- ☐ Kondome
- ☐ Insektenschutzmittel

KLEIDUNG
- ☐ T-Shirts
- ☐ Unterwäsche
- ☐ Socken
- ☐ Hosen/Jeans
- ☐ Blusen/Hemden
- ☐ Pullover
- ☐ Jacke/Blazer
- ☐ Schals/Gürtel
- ☐ Accessoires/Schmuck
- ☐ Sneaker/Schuhe
- ☐ Pyjama
- ☐ Badeanzug/-hose

NICHT VERGESSEN
- ☐ Spiele
- ☐ Bücher
- ☐ Korkenzieher/Flaschenöffner/ Taschenmesser
- ☐ Schreibwaren

Register

Über die Autorinnen

JERALYN GERBA

Jeralyn wuchs in einem Haus voller Bücher auf: Romane, wissenschaftliche Literatur, Geschichtsbücher und Nach-
schlagewerke weckten ihre Neugierde auf Menschen, Orte und Dinge. Sie ist eine Pragmatikerin mit Hang zur
Nostalgie und einer Vorliebe für alles Kapriziöse. Ihre ersten Reisen verdiente sie sich mit Ferienjobs. Sie besuchte
die Universität in New York, studierte aber auch Kunstgeschichte in Italien, Politik und Gesellschaft in Südafrika
und Esskultur in Louisiana, um nur einige ihrer Stationen zu nennen. Irgendwann begann sie, über Kunst, Kultur,
Nachtleben, Essen und Handwerk zu schreiben. Dabei fand sie heraus, dass sie am glücklichsten ist, wenn sie ihre
Beobachtungen mit Gleichgesinnten teilen kann.
Sie war süchtig nach Städten, bis sie anfing, Vulkane zu erklimmen, in Lagunen zu schwimmen und über rumpelnde
Landstraßen zu radeln. Ihre Lieblingsdestinationen sind heute Orte im Umbruch: Sie bieten die Gelegenheit, den
Wandel im Entstehen festzuhalten, und zwingen dazu, das Unbekannte anzunehmen. Das Schönste am Reisen ist für
Jeralyn ein Mix aus herausfordernden Erlebnissen, für die sie sich gern mit etwas Leckerem belohnt.

PAVIA ROSATI

Pavia absolvierte ihre erste Flugreise im Alter von neun Monaten. Ihre aus Italien stammende Mutter nahm sie mit
zu den Großeltern in deren Villa bei Venedig. Diese Reise machte sie jedes Jahr, bis zum College. Dies hatte zur Folge,
dass ihre amerikanischen Schulfreunde sie für zu italienisch (»Woher hast du diese Schuhe?«) und ihre italienischen
Tanten für zu amerikanisch (»Was bitte isst du denn zum Abendessen?«) hielten. Andere frühe, prägende Reisen
führten sie noch vor der Perestroika nach Russland, wo sie lernte, mit leichtem Gepäck zu reisen, und nach dem Fall
der Berliner Mauer nach Prag, wo sie lernte, ohne Reiseführer auszukommen.
Als unersättliche und unermüdliche Entdeckerin, die in Paris, London und New York gelebt hat, beschäftigt sie sich
mit allem, was mit Kultur, Unterhaltung, Essen und Reisen zu tun hat. Ein besonderes Faible hat sie für alte Häuser
und Küchen. Denn wie wir im Alltag leben, spricht Bände darüber, wer wir sind und woher wir kommen. Pavia ist in
ihrem Element, wenn sie im angeregten Gespräch mit alten und neuen Freunden an einem Tisch sitzt.

Bisher haben Jeralyn und Pavia drei Kontinente gemeinsam und sechs Erdteile getrennt voneinander bereist. Auf ihrer
To-do-Liste stehen noch unzählige weitere Reisen.

Danksagung

Dieses Buch ist ein Sammelwerk von Informationen, die wir über die Jahre zusammengetragen haben. Unsere Quellen waren gute Reisen, schlechte Reisen, Pressereisen, Flitterwochen, Familientreffen, Studienreisen, Büchereien, Zeitschriftenstapel und all unsere wundervollen Fathom-Freunde und -Mitgestalter auf der ganzen Welt. Ein solches Buch ohne ihre Einblicke und Inputs zu verfassen wäre ein Ding der Unmöglichkeit.

Best Escapes würde es ohne die wertvollen Beiträge von Berit Baugher und Daniel Schwartz nicht geben: Fathom-Chefredakteurin Berit Baugher ist mit uns durch dick und dünn gegangen. Wir haben uns unzählige Male getroffen – in Restaurants, Bürokojen und Hotellobbys. Mit ihrem Gespür für neue Ideen und Trends, ihrem anspruchsvollen Geschmack und Sinn für Details ist sie eine Bereicherung für jedes Projekt, das wir angehen. Redakteur Daniel Schwartz, unser Mann vor Ort, ist ein Ruhepol in der mitunter chaotischen Welt der kleinen Start-ups. Energiegeladen und immer offen für Neues, ist er der Reisende schlechthin und liebt es, alles zu probieren, auszutesten und zu fotografieren.

Es gibt ein paar Menschen, die unser Start-up schon vor der Gründung unterstützt haben: John D'Aquila, Juliana Jaoudi, Kenneth McVay, Bob Pittman und Eliot Wadsworth. Bedanken möchten wir uns auch bei Primary, dem Coworking Space, den wir in New York unser Zuhause nennen.

Stephanie March, unsere liebe Freundin und gute Fee, ist die wohl inspirierendste Reisende, die wir kennen. Wir bewundern nicht nur ihre Abenteuerlust, sondern auch ihr humanitäres Engagement.

Unsere Familien sind unsere liebsten Reisegefährten. Ihre Unterstützung hat uns buchstäblich um die Welt und wieder zurück geführt. Wir mögen zwar Autorinnen sein, aber die Liebe und Dankbarkeit, die wir für Justin und Gemma Carter, die Gerbas, Ben Schott und Giacomo Rosati empfinden, lässt sich nicht in Worte fassen.

Unser Dank gilt darüber hinaus dem Fathom-Team, allen Mitgestaltern und Freunden: Abigail Radnor, Alex Burgel, Alpana Deshmukh, Anna Petrow, Becky Cheang, Camillia BenBassat und Team Avec, Christina Ohly, Crystal Meers, Delfina Forstmann, Erica Firpo, Helena Madrid, Jessica Cantlin, Kate Donnelly, Katie McKnoulty, Kelsey Burrow, Kim VanderVoort, Larkin Clark, Linda Cabasin, Matthew Pelc, Paul Jebara, Rachel Kurlander, Tess Falotico sowie Victoria Lewis.

Wie viele Unternehmer, die mehr Ideen als Zeit haben, wollten wir schon immer ein Buch schreiben. Der auslösende Funke aber war eine E-Mail von Melissa Kayser. Besten Dank an das Hardie-Grant-Team – Jane Grant, Megan Cuthbert, Allison Hiew und Renee Senogles – für die unkomplizierte und großartige Zusammenarbeit bei der Produktion dieses Buches über die Kontinente hinweg. Wir machen uns schon jetzt Notizen für die zweite Ausgabe.

Ein ganz besonderer Dank gilt dir, liebe Leserin, lieber Leser – dafür, dass du mit uns Zeit in der Welt verbringst. Wir starteten Fathom, um dich an unseren Entdeckungen teilhaben zu lassen. Wir würden uns aber auch freuen zu erfahren, wo du unterwegs bist. Wenn du Lust hast, tagge deine Abenteuer auf Instagram mit #TravelwithFathom und schau auf unseren Socials @FathomWaytoGo vorbei.

Oben: das Fathom-Team: Daniel, Pavia, Jeralyn, Berit; unten: die Autorinnen Jeralyn Gerba und Pavia Rosati

BILDNACHWEIS

Bilder mit freundlicher Genehmigung folgender Fotografen/Unternehmen: (Bei mehreren Fotos auf einer Seite verstehen sich die mit Buchstaben versehenen Angaben von oben nach unten und von links nach rechts.)

Phaisal Photos/Unsplash Cover vorn; Tom Grimbert/Unsplash Cover hinten, a; Ricardo Gomez/Unsplash Cover hinten, b; Austin Motel Cover hinten, c; Alpana Deshmukh ii, 168, 169, 170a, 170b; The Traveling Light 2; Daniel Schwartz 4a, 20b, 171, 185a, 185b; Pavia Rosati 4b, 19a, 21, 94a, 94b, 158b, 159, 163a; Larkin Clark 4c, 9a, 13a, 16b, 16c; Justin Carter 5; Fynn Schmidt/Unsplash 8; Nicola Brasetti/Unsplash 9b; Rolf Gelpke/Unsplash 10–11; Jessica Cantlin 12; Sylvain Cleymans/Unsplash 13b; Martin Widenka/Unsplash 13c; Berit Baugher 14, 79b, 112a, 174; Mark Gray 15; Ross Belfer 16a; Tom Grimbert/Unsplash 18; Pablo García Saldaña/Unsplash 19b; Mike Yukhtenko/Unsplash 20a; Jorge Tung/Unsplash 22–23; Christopher Czermak/Unsplash 24a; Jack Anstey/Unsplash 24b; Harshil Gudka/Unsplash 24c; Ryo Yoshitake/Unsplash 25; Dave Shaw/Unsplash 26–27; Rory Doyle 30, 35a, 35b, 35c; Courtesy of Bahia Bustamante 31; Courtesy of Linkum Tours 32; Courtesy of Eremito 33; Chris Burkard 34a, 34b; Anthony Grote 36; Courtesy of Sal Salis Ningaloo Reef 38–39; Courtesy of Wild Bush Luxury 40–41; Moritz Krebs/Courtesy of Soneva Fushi 42; Courtesy of Intrepid Travel 43, 46–47; Courtesy of The Ranch Malibu 44, 45b; Ji Pak/Unsplash 45a; Courtesy of Natural Selection 48a; Courtesy of Whynot Adventure 48b, 48c; Ralph Lee Hopkins/Courtesy of Natural Habitat Adventures 49; Courtesy of Coral Expeditions 50, 51a; Courtesy of Robin Pope Safaris 51b; Amy Murrell 54, 56b; Eric Wolfinger 55a; Sharon Cairns/Courtesy of Jackalope 55b, 57; Garrett Rowland 56a; Erik Olsson/Courtesy of Faviken 59; Courtesy of Babylonstoren 60–61; Melanie Lewis of The Mhor Collection 62a, 62b, 62c, 62d; Courtesy of Belmond Le Manoir aux Quat'Saisons 63; Courtesy of Serenbe 64; J. Ashley 65a; Ali Harper 65b; Courtesy of Don Alfonso 1890 66; Magnus Mårding 67a, 67c; Claudio Aversa 67b; beall + thomas photography 68a, 68b; Charity Burggraaf 68c, 70–71; Nicolas Castillo/Courtesy of Vik Retreats 69; Galen Crout 72; Courtesy of La Grenouillère 73a, 73b; Marion Michele/Unsplash 76; Max van den Oetelaar/Unsplash 77; Zhgn_/Unsplash 78; Taylor Davis/Unsplash 79a; Yulinar Rusman/Unsplash 81a; Paolo Bendandi/Unsplash 81b; Kalle Kortelainen/Unsplash 82–83; Madalena Veloso/Unsplash 84; Robert Bye/Unsplash 85a; Jeralyn Gerba 85b, 112b, 113a, 132c, 149a, 153b; Andrew Charney/Unsplash 86–87; Courtesy of Hubud 90; Matt Garies/Unsplash 92–93; Courtesy of Telliskivi Creative City 95a, 95b; Jared Rice/Unsplash 96–97; Judah Guttmann/Unsplash 98; Néstor Morales/Unsplash 99; Courtesy of The Working Capitol 100; Franz Navarette/Courtesy of Hubud 101a; Courtesy of Ministry of New 101b; Courtesy of Crew Collective 102; Courtesy of ninetytwo13 by Tokyo Chapter 103a; Annie Spratt/Unsplash 103b; Courtesy of Hubud 104–105; Jason Cooper/Unsplash 110; Gabriel Jimenez/Unsplash 111; Midhun George/Unsplash 113b; Lava Lavanda/Unsplash 113c; Marc Lecureuil 114; Owen Morgan/Courtesy of The Great Projects 115; Abigail Keenan/Unsplash 116–117; Daniel Burka/Unsplash 118–119; Pia Riverola 122; Alex Fradkin 124, 125a, 125b; Courtesy of Shipwreck Lodge/Natural Selection 126a; Courtesy of Aman 126b; César Béjar 127; Courtesy of Casa Bonay 128, 144; Charles Reagan 129; Y. Deguchi 130–131; Tim Wright/Unsplash 132a; Undine Pröhl 132b; Chris Spira 132d, 133; Adrian Gaut 134; Courtesy of Ett Hem 135a, 135b; Courtesy of Zero George 136; Kara Rosenlund 137a; Nick Simonite 137b, 138c, 143a, 143b, 146–147, 148a; Courtesy of Wythe Hotel 138a; Courtesy of American Trade Hotel 138b; Simon Brown 139; Courtesy of Zannier Hotels 140, 142; Courtesy of Alila Hotels & Resorts 141a; Courtesy Liberty Hotel 141b; Elsa Hahne 145a; Courtesy of Sir Savigny Hotel 145b; Courtesy of Alabama Hotel 148b; Pedro Silva Correia 149b; Courtesy of Tribal Hotel 150–151; Courtesy of Island Outpost 152, 154c, 155; Thomas Habr/Unsplash 153a; Courtesy of L'Hotel 154a; Courtesy of The Savoy Hotel 154b; Courtesy of Villa Feltrinelli 156, 157a; George Apostolidis 157b; Courtesy of Delaire Graff Lodges and Spa 158a; Grégoire Gardette/Courtesy of La Réserve Paris 158c; Courtesy of Jesse Walsh + Dreamtown Co. 160, 162; Courtesy of Ventana Big Sur, an Alila Resort 161a; Courtesy of Wild Coast Tented Lodge 161b; Chris Strong 163b; Courtesy of Poketo at The Line Hotel 164a; Ash James 164b; Courtesy of Beldi Country Club 164c; Alex Marks 165a; Courtesy of CLASKA Gallery & Shop »DO« 165b; Courtesy of Drake General Store 165c

Impressum

Die englische Originalausgabe ist 2019 unter dem Titel
Travel Anywhere (and Avoid Being a Tourist)
bei Hardie Grant Travel, Hardie Grant Publishing Melbourne, erschienen.

© 2019 Hardie Grant Travel
Copyright Text © Jeralyn Gerba und Pavia Rosati 2019
Copyright Konzept und Layout © Hardie Grant

© 2019 DuMont Reiseverlag GmbH & Co. KG
für die deutsche Ausgabe

Übersetzung: Alexandra Hoi, Daniela Papenberg, Martina Walter
Redaktion: bookwise medienproduktion GmbH, München
Covergestaltung deutsche Ausgabe: Katrin Kleinschrot, Stuttgart

ISBN 978-3-7701-8227-5
Printed in China
www.dumontreise.de